昭和～平成時代の名古屋鉄道 第4巻
西尾線・蒲郡線・三河線 挙母線 岡崎市内線

服部重敬 著

協力：白井 昭、NPO法人名古屋レール・アーカイブス

蒲郡線を走る7000系の蒲郡行特急「三河湾」。1980.12.7　Ha

昭和～平成時代の名古屋鉄道 第4巻
西尾線・蒲郡線・三河線 挙母線・岡崎市内線

..... Contents

第1章 西尾線・蒲郡線【新安城～西尾～吉良吉田～蒲郡間】...... 9
　西尾線(元・西尾鉄道(吉田線・平坂線)、元・碧海電気鉄道)、蒲郡線小史...... 10
　安城支線(南安城～安城間)...... 28
　コラム　モ85形85...... 30
　コラム　西尾車庫に保管されていた旧Ｎ電...... 51
　平坂支線(西尾～港前間)...... 52

第2章 三河線【吉良吉田～碧南～知立～豊田市～猿投～西中金間】...... 91
　三河線小史...... 92
　コラム　客車改造車両...... 148

第3章 挙母線【上挙母～大樹寺間】...... 173
　挙母線小史...... 174

第4章 岡崎市内線【福岡町～岡崎駅前～岡崎井田～大樹寺間】...... 183
　岡崎市内線小史...... 184

第5章 名鉄高速電車変遷史-4...... 213
　コラム　たびたび色を変えたSR車...... 226
　1961(昭和36)年～1970(昭和45)年までの優等列車の運転区間と運転期間...... 228

2004（平成16）年3月31日限りで廃止となった三河線三河旭～中畑間の矢作川橋梁を渡るモ800形810の単行。三河線の碧南～吉良吉田間は利用客が少ないことから1981（昭和56）年11月20日からモ800形両運転台車の単行運転に代わり、さらに1990（平成2）年7月1日から小型軽量気動車のLEカーの運転となったが、廃止を免れることはできなかった。
1981.11.23　Ha

本誌で紹介する路線

出典：1957（昭和32）年　名鉄沿線案内

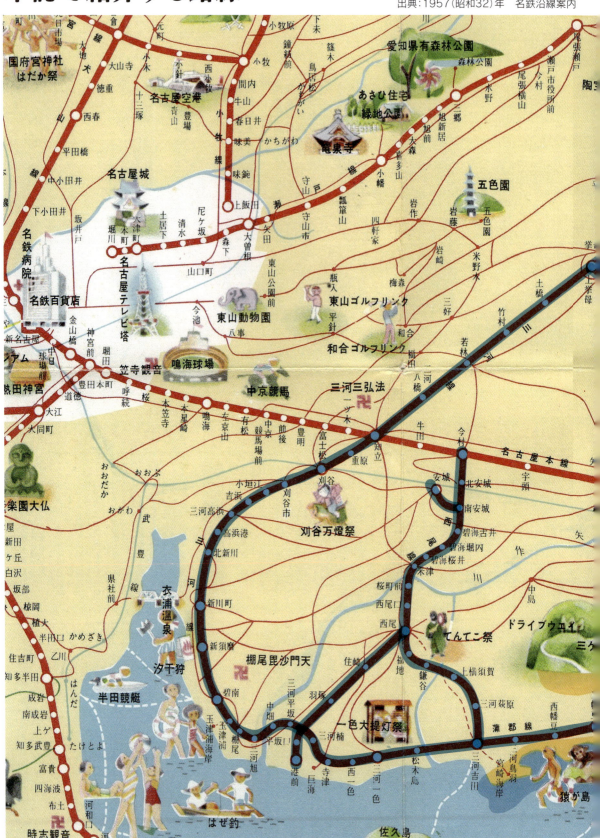

名古屋鉄道の路線一覧1960（昭和35）年以降の運行路線

路線名	区間	営業キロ程(km)			廃止年月日
		鉄道	軌道	合計	
名古屋本線	豊橋〜新岐阜	99.8		99.8	
	知立分岐点〜三河知立	0.8		0.8	1984年4月1日廃止
東部線					
豊川線	国府〜豊川稲荷		7.2	7.2	
岡崎市内線	岡崎駅前〜岡崎井田		5.8	5.8	1962年6月17日廃止
福岡線	岡崎駅前〜福岡町	2.4	0.1	2.5	1962年6月17日廃止
西尾線	新安城(今村)〜吉良吉田	24.7		24.7	
安城支線	南安城〜安城	1.1		1.1	1961年7月30日廃止
平坂支線	西尾〜港前	4.5		4.5	1960年3月27日廃止
蒲郡線	吉良吉田〜蒲郡	17.6		17.6	
三河線	吉良吉田(碧南)〜西中金(猿投)	64.8 (39.8)		64.8 (39.8)	2004年4月1日 猿投〜西中金、吉良吉田〜碧南間廃止
挙母線	岡崎井田〜上挙母	11.5		11.5	1973年3月4日廃止 (岡崎井田〜大樹寺間　1962年6月17日廃止)
豊田線	梅坪〜赤池	15.2		15.2	
常滑線	神宮前〜常滑	29.3		29.3	
築港線	大江〜東名古屋港	1.9 (1.5)		1.9 (1.5)	1990年11月25日短縮
空港線	常滑〜中部国際空港	4.2		4.2	第三種鉄道事業者は 中部国際空港連絡鉄道
河和線	太田川〜河和	28.8		28.8	
知多新線	富貴〜内海	13.9		13.9	
西部線					
犬山線	枇杷島分岐点〜新鵜沼	26.8		26.8	
モノレール線	犬山遊園〜動物園	1.2		1.2	2008年12月28日廃止
一宮線	岩倉〜東一宮	7.1		7.1	1965年4月25日廃止
各務原線	新岐阜〜新鵜沼	17.6		17.6	
広見線	犬山〜御嵩	22.3		22.3	
八百津線	伏見口(明智)〜八百津	7.3		7.3	2001年10月1日廃止
津島線	須ヶ口〜津島	11.8		11.8	
尾西線	弥富〜玉ノ井	30.9		30.9	
竹鼻線	笠松〜大須(江吉良)	17 (10.3)		17 (10.3)	2001年10月1日 江吉良〜大須間廃止
羽島線	江吉良〜新羽島	1.3		1.3	
小牧線	上飯田〜犬山	20.6		20.6	上飯田〜味鋺間 第三種鉄道事業者は上飯田連絡線
岩倉支線	小牧〜岩倉	5.5		5.5	1964年4月26日廃止
瀬戸線	堀川(栄町)〜尾張瀬戸	21.8 (20.6)		21.8 (20.6)	1976年2月15日 堀川〜東大手間廃止
岐阜地区					
岐阜市内線	岐阜駅前〜長良北町		4.9	4.9	1988年6月1日(徹明町〜長良北町間)、2005年4月1日廃止
岐阜市内支線	徹明町〜忠節		2.8	2.8	2005年4月1日廃止
美濃町線	徹明町〜美濃		24.8	24.8	1999年4月1日(関〜美濃間)、2005年4月1日廃止
田神線	田神〜競輪場前		1.4	1.4	2005年4月1日廃止
高富線	長良北町〜高富	5.1		5.1	1960年4月22日廃止
鏡島線	千手堂〜西鏡島	4.4		4.4	1964年10月4日廃止
揖斐線	忠節〜本揖斐	18.3		18.3	2001年10月1日(黒野〜本揖斐間)、2005年4月1日廃止
谷汲線	黒野〜谷汲	11.2		11.2	2001年10月1日廃止

※(　)内は2024年1月1日現在の路線長

名古屋鉄道の系譜

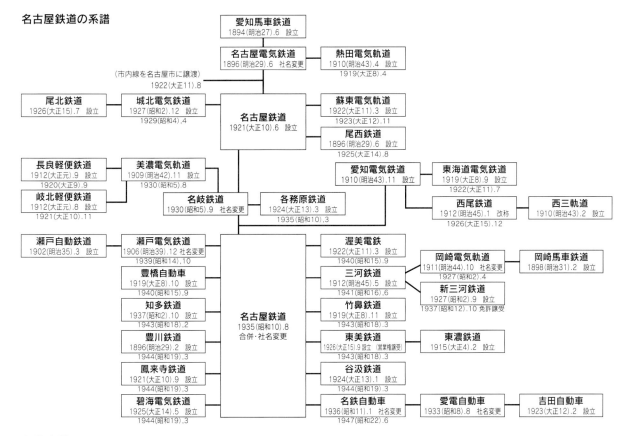

参考文献

名古屋鉄道社史　名古屋鉄道　1961(S36)年
名古屋鉄道百年史　名古屋鉄道　1994(H6)年6月
名鉄120年　近20年のあゆみ　名古屋鉄道　2014(H26)年
写真が語る名鉄80年　名古屋鉄道　1975(S50)年
地図で読み解く名鉄沿線　NPO法人名古屋レール・アーカイブス　2021(R3)年
愛知の駅ものがたり　藤井　建　2022(R4)年
日本鉄道旅行地図帳　7号　東海　今尾恵介　2008(H20)年
日本鉄道旅行歴史地図帳　7号　東海　今尾恵介・原　武史　2010(H22)年
名古屋鉄道車両史　上・下巻　清水　武、田中義人　アルファ・ベータブックス　2019(H31,R1)年
名鉄の支線、廃線　上巻　生田　誠　アルファ・ベータブックス　2020(R2)
名古屋鉄道の貨物輸送　清水　武、田中義人　フォト・パブリッシング　2021(R3)年
名古屋鉄道各駅停車　清水　武　洋泉社　2016(H28)年
名鉄名称列車の軌跡　德田耕一　JTBパブリッシング　2009(H21)年
RMライブラリー48　名鉄岡崎市内線　藤井　建　2003(平成15)年
改定新版　データブック　日本の私鉄　寺田裕一　ネコ・パブリッシング　2013(H25)年
指定券図録(附：名古屋鉄道座席指定券)　久田　進・今枝憲治　1984(S59)
東海地方の鉄道敷設誌Ⅰ、Ⅱ、Ⅲ　井戸田弘　2008(H20)
藍川清成伝　藍川清成伝刊行会　1953(S28)年
三河線LEcar　新實　守　2004(H16)年
西尾鉄道開業百年よもやま話　西尾鉄道開業100年記念誌刊行会　2011(H23)年
岡崎と西尾を結んで走った軽便鉄道『西尾鉄道』の記録　藤井　建　研究紀要第41号　2013(H25)年
三河を走って85年　郷土出版社　1999(H11)年
廃止から30年「挙母線」を振り返る　市川　満　東海愛知新聞　2003(H15)年
挙母線廃止から50年を振り返る　市川　満　東海愛知新聞　2023(R5)年
名古屋直通電車の思い出　澤田幸雄　愛三時報　2008(H20)年
活力ある名鉄蒲郡線を目指して　その歩みを振り返る　澤田幸雄　愛三時報　2014(H26)年
岡崎と西尾を結んで走った小さな鉄道　藤井　建　東海愛知新聞　2011(H23)年
棚尾の歴史を語る会　「名鉄臨港線大浜口」「大浜臨港線運送株式会社」　2015(H27)年
管内概況　西尾幹事駅　1976(S51)年
名鉄社内報　れいめい　各誌　名古屋鉄道
名鉄ニュース各誌　名古屋鉄道
鉄道ピクトリアル　No.299　失われた鉄道、軌道を訪ねて37「西尾鉄道」山崎義尚　1974(S49)年
鉄道ピクトリアル　No.370　名古屋鉄道特集　1979(S54)年12月
鉄道ピクトリアル　No.473　名古屋鉄道特集　1986(S61)年12月
鉄道ピクトリアル　No.611　「名鉄三河線ものがたり」白井良和　1995(H7)年
鉄道ピクトリアル　No.624　名古屋鉄道特集　1996(H8)年7月
鉄道ピクトリアル　No.771　名古屋鉄道特集　2006(H18)年1月
鉄道ピクトリアル　No.809、811「600V時代の名鉄西尾・蒲郡線」白井　昭　2008(H20)年
鉄道ピクトリアル　No.812　名鉄パノラマカー　2008(H20)年12月
鉄道ピクトリアル　No.816　名古屋鉄道特集　2009(H21)年3月
鉄道ピクトリアル　No.969　名古屋鉄道2扉クロスシート車　2020(R2)2月
鉄道ピクトリアル・アーカイブス30　名古屋鉄道1960～70　鉄道図書刊行会　2015(H27)年2月
鉄道ピクトリアル・アーカイブス31　名古屋鉄道1970～80　鉄道図書刊行会　2015(H27)年6月
鉄道ピクトリアル・アーカイブス46　私鉄高速電車発達史Ⅱ　電気社研究会　2023(R5)5月
その他、名古屋鉄道時刻表、鉄道ピクトリアル、鉄道ファン、鉄道ジャーナル、Wikipediaの名鉄関連記事を参考にしました

はじめに

　1976（昭和51）年に名古屋鉄道に入社以来、沿線の鉄道風景を折々に触れ、撮影してきた。それら写真がかなり溜まったことから、機会を見て写真集としてまとめたいと思っていたが、なかなかその機会は訪れなかった。

　そうした中、NPO法人名古屋レール・アーカイブスで、会社の先輩でもある田中義人さんから、大井川鉄道の副社長を務められた大先輩の白井　昭さんのデジタル化した写真を見せていただいた。それらを見て、驚いた。極めてこまめに名古屋鉄道のさまざまなシーンを撮影しておられる。また、車両の形式中心の写真ばかりでなく、走行写真も多い。標準レンズによる撮影だが、情景を取り入れ、当時の様子が写し込まれている。自分が撮ったのと同じ場所で撮影した写真も少なくない。また、保存の大敵であるビネガーシンドロームにネガが冒されておらず、保存状態が極めて良いのもありがたかった。これらを自分が撮影した写真と比較できるように載せたら、名鉄沿線の時代の移り変わりを見比べることができるのではないか。

　そうした折に、フォト・パブリッシングの福原社長様から名鉄沿線の写真集を10分冊で出版しないか、とのご提案があった。白井さんの撮影は、主に1955（昭和30）年から1970（昭和45）年までの15年間で、小生の撮影が主に1976（昭和51）年以降なので、途中5年ほどの空白期間はあるものの、二人で70年近い期間の名鉄を記録していることになる。そこで、白井さんと小生の写真を組み合わせ、さらにNPO法人名古屋レール・アーカイブスが所蔵する故・倉知満孝さんが撮影された駅舎の写真を始めとする豊富な資料や写真などで、名鉄の歴史を線区毎に紹介することにした。

　車両面や貨物輸送については、清水　武さんや田中さんの既著「名古屋鉄道車両史　上・下巻」や「名古屋鉄道の貨物輸送」があることから、本書では沿線写真に加え、それらの撮影に関連する車両の運行面の記録を中心にまとめることにした。加えて、これまで学会誌や雑誌等に発表した名古屋鉄道に関する研究記事も載せることで、内容を充実させたつもりである。沿線写真については駅を基準として、その付近の写真をまとめている。

　なお、本書をまとめるにあたり、NPO法人名古屋レール・アーカイブスの会員各位と澤田幸雄、寺澤秀樹氏にご助言をいただきました。誌上より厚くお礼を申し上げます。

　また、数多くの写真をご提供いただいた白井昭様は、2025（令和7）年2月26日に満97歳でご逝去されました。多大なるご協力に感謝すると共に、謹んでご冥福をお祈り申し上げます。

写真撮影・資料所蔵略称

In	井上大令	Is	稲見眞一	It	伊東重光	Uc	内山知之
Ko	小林磐生	Kr	倉知満孝	Si	白井　昭	Sk	桜井儀雄
Sy	白井良和	Tk	田中義人	Nr	成田愛苗	Ha	服部重敬
Fu	藤井　建	Hi	J. W. Higgins				

特記なき写真・資料はNPO法人名古屋レール・アーカイブス所蔵

第1章
西尾・蒲郡線
【新安城～西尾～吉良吉田～蒲郡間　42.3km】

　現在の西尾線新安城（旧・今村）～西尾～吉良吉田間は、新安城～西尾間が愛知電気鉄道の子会社である碧海電気鉄道（以下、「碧海電鉄」と略す）、西尾～吉良吉田間は軽便規格の蒸気鉄道として開業した西尾鉄道によって建設された歴史がある。本稿ではそれを踏まえ、一括して西尾をめぐる鉄道の歴史を記載するとともに、戦後の西尾線については蒲郡線を加えて運行を中心に紹介する。なお、西尾線の名称は元西尾鉄道由来の岡崎新～西尾（平坂、吉良吉田）時代と戦後になって碧西線を改称した現在の西尾線に使われているため、本稿では戦前の西尾線を（旧）西尾線として記載する。

国定公園の指定など三河湾の観光地化にあわせ、名鉄では観光施設や路線を整備し、西尾・蒲郡線に向けて昭和30年代から観光列車を運転し、利便性を高めていった。昭和50年代には、毎時1本の特急「三河湾」号が蒲郡に向けて運転された。　蒲郡線東幡豆～西幡豆　1982.3.22　Ha

■ 西尾線(元・西尾鉄道(吉田線・平坂線)、元・碧海電気鉄道)、蒲郡線小史

西尾鉄道(西三軌道)

　西尾線の中程に位置する西尾は、江戸時代から三河の各地を南北に結ぶ矢作川の水運と、平坂港からの江戸への船便に支えられて発展し、岡崎、吉田(豊橋)とともに三河三都のひとつに数えられる西尾藩の中心都市だった。1888(明治21)年9月に東海道線が開業して岡崎駅が誕生し、1891(明治24)年6月に安城駅ができて周辺が発展するのを見ると、西尾でも鉄道への関心が高まった。矢作川の舟運に代わるものとして、1896(明治29)年に碧南(大浜)から西尾、岡崎を経て足助に至る参河電気鉄道が組織され、1900(明治33)年には新川(碧南)を起点に米津を経て安城、足助、飯田に向かう信参鉄道も創設されるが、実現には至らなかった。

　1909(明治42)年になると、西尾の豪商の間で鉄道敷設の気運が盛り上がった。岡崎馬車鉄道や浜松の大日本軌道浜松支社(現在の遠州鉄道西鹿島線)等を視察し、7月8日に発起人総会を開催し、翌1910(明治43)年2月11日に西三軌道(せいさんきどう)を設立する。当初は容易に鉄道を敷設できる軌道条例による特許を出願していたが、1910(明治43)年8月に軽便鉄道法が施行されると、国の指導で1911(明治44)年4月に同法に変更して建設を進めた。

　1911(明治44)年10月29日に開通式を行い、翌30日

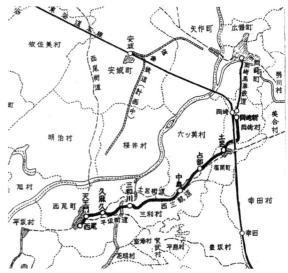

1911(明治44)年10月開業時の西三軌道路線図
作図：澤田幸雄

から西尾～岡崎新間13.4kmで運行が始まった。開業に際して用意された車両は、英・エイヴォンサイド製の蒸気機関車4両、2・3等合造の最新式貫通ボギー客車4両、有蓋貨車、無蓋貨車各4両で、所要時間約50分で10往復が運転された。ちなみに英・エイヴォンサイド製の蒸気機関車は全国で13両しかなく、また、地方の鉄道で2等車を有した例はあまり多くない。これ

1911(明治44)年開業時の西尾駅。帯のついた客車は2・3等合造車で、2等車を有していた地方の鉄道は珍しかった。
所蔵：Fu

1915(大正4)年8月に延伸された吉良吉田に停まる蒸機列車。　所蔵：Fu

らの選定は、社長を務めた岩瀬文庫の創設者として知られる同地方随一の富豪であった岩瀬彌助の一流好みの趣向によるといわれる。

開業3ヶ月後の1912(明治45)年1月25日に社名を西尾鉄道と変更した。開業後の利用者は順調で、同年3月に八ツ面(やつおもて)山の遊覧客のために八ツ面停留場、1914(大正3)年7月15日に行違い設備の増設として三和村役場南に三江島駅を設置している。

海運との連携を図るため路線の延伸も計画され、平坂港に至る平坂線西尾～港前(みなとさき)間3.9km

が1914(大正3)年10月30日に開通し、さらに港前から平坂臨港までの貨物専用線0.1kmも設けられた。平坂は江戸時代に江戸回船を多数擁して矢作川水運と江戸海運の合流点となり、三河五箇所湊の筆頭として栄えた港町で、三河釜など三州鋳物の燃料の搬入、製品の搬出で繁栄していた。1916(大正5)年10月5日に平坂臨港は港前の構内として統合されている。

同時に吉田港に向けて吉田線9.2kmも建設され、1915(大正4)年2月13日に一色口、3月14日に横須賀口(仮駅)と延伸され、矢作古川橋梁の完成を待って同年8月5日に吉良吉田まで開通。1916(大正5)年2月12日に貨物線が吉田港まで0.5kmが延伸されて全通した。両線の開通により、列車は岡崎新から吉良吉田まで直通運転され、平坂線は西尾～港前間で運転された。

第一次大戦後の好況もあって経営は順調に推移し、1922(大正11)年9月17日には省線岡崎駅の整備と連動して岡崎新駅をアーチ形のバルコニーを持つターミナル駅にふさわしい堂々たる建物に改築した。1925(大正14)年7月26日には塔屋のついた2階建ての西尾駅が竣工し、2階を本社事務所としている。

この頃、1923(大正12)年8月に愛知電気鉄道(以下、

戦前の碧海電鉄・西尾鉄道 路線図

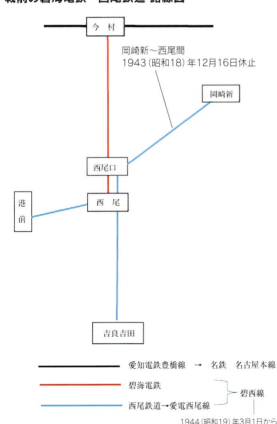

建設中の国鉄岡崎駅前の岡崎新駅。アーチ形のバルコニーを持つターミナル駅にふさわしい堂々たる建物で、1922(大正11)年9月17日に竣工した　所蔵：Fu

第1章 西尾・蒲郡線　11

「愛知電鉄」「愛電」と略す)が東岡崎まで開業し、さらに吉田(豊橋)への路線建設を進めていた。1926(大正15)年7月1日にはその子会社の碧海電鉄が今村(現・新安城)～米津間11.8kmを開業し、さらに幡豆電鉄として西尾を経て一色への延伸を企てていた。同年2月5日には三河鉄道も大浜港(後の碧南)～猿投間を一気に電化し、9月1日には神谷(後の松木島)へ路線を延伸して、平坂で競合した。こうした動きに対応して西尾鉄道でも電化を計画し、軌間は762mmのままで80人乗り電車を5両新造することで1925(大正14)年4月14日に認可を得ている。また、幡豆電鉄の計画に対しては、1926(大正15)年12月までに電化工事を完成させるので、許可をしないようにと鉄道大臣宛に陳情している。

電化工事を進めているとはいえ、競争線の出現は脅威となり、特に名古屋～西尾間で近道となる碧海電鉄の開業により決定的な打撃を被ることが確実視された。前途の経営に不安を感じた役員や株主から愛知電気鉄道との合併話が持ち上がり、1926(大正15)年8月31日には契約が調印され、12月1日に合併して同社(旧)西尾線となった。合併時の路線延長は27km、車両は蒸気機関車6両、客車15両、有蓋車20両、無蓋車29両だった。

碧海電気鉄道

1922(大正11)年に愛知電鉄が有松裏から岡崎への工事を進めると、碧海郡安城町(現・安城市)の有力者から、同線から分岐して安城、明治村米津へ至る電気鉄道の計画が持ち上がった。培養線の必要性を感じていた愛電も呼応し、愛電が半額出資をして碧海電鉄を設立すること、路線は岡崎線の宇頭で分岐して明治村米津に至る電気鉄道とすること、将来は西尾、一色方面へ延伸することを定め、1923(大正12)年5月に矢作町～明治村間11.6kmの免許を得た。1925(大正14)年5月15日に創立総会が開かれ、社長には愛電社長の藍川清成が就任した。別会社の形をとったのは政府からの補助金を得ることもあり、後の同社の支線建設ではこの方式が使われた。

工事は親会社の愛電によっておこなわれ、起点を今村(現・新安城)に変更して1926(大正15)年7月1日に米津まで西尾線として11.8kmが開業し、西尾へは連絡バスを運行した。高速電気鉄道を目指していた愛電の設計だけに線路は碧海郡の中央部を縦断して直線で建設され、架線電圧は1500V、軌条も37kg/mを採用するなど、岡崎線に準じた規格であった。車両は愛電電6形に準じた木製車体であるが、ドイツ製のモーターとブレーキを備え、台車にはコロ軸受を使用したデ100形(後のモ1010形→サ1010形→ク1010形)3両が製造された。

米津から南へは幡豆電鉄として出願したが却下され、西尾鉄道の愛電合併後の1927(昭和2)年6月に碧海電鉄として免許を得て、翌1928(昭和3)年8月5日に西尾口に達している。延伸の遅れには、西尾町内の都市計画による西尾駅の移転もあった。碧海電鉄は将来の複線化を視野に入れており、矢作川を渡る米津橋梁の橋台など、多くの区間は複線分の用地を確保していた。

愛知電気鉄道　(旧)西尾線、碧海電気鉄道時代

愛知電鉄への合併後も(旧)西尾線の電化計画は継続され、併せて軌間の762mmから1067mmへの改軌がおこなわれている。

改軌にあたっては、軽便鉄道として建設された(旧)西尾線は急カーブが多く、また、西尾の市街地では路線両側の構築物のため、改軌工事もままならなかった。この頃、西尾町では町東部の水田や畑が広がる花ノ木地区で耕地整理を進めており、それと連携し、碧海電鉄の西尾延伸も踏まえて統合した駅を設けることになった。移転することになる旧西尾駅の駅舎は1925(大正14)年7月に竣工したばかりで反対もあっ

花ノ木地区への西尾駅移転構想図(組合発行の絵はがき)
所属：Fu

たが覆ることなく、旧線の曲線部にあった天王門駅は廃止された。旧西尾駅の駅舎は、1930（昭和5）年に西尾警察署に転用されている。

米津からの碧海電鉄線は1928（昭和3）年8月5日の碧電西尾口（仮）までの開業を経て、10月1日に西尾まで全通し、広い構内には車庫も設けられた。駅舎は食堂も併設された近代的な建物で、駅前からは広い放射状の道路も延びて、その後の西尾町の発展につながっていく。

西尾駅の移転と合わせ、吉田・平坂線を600Vで電

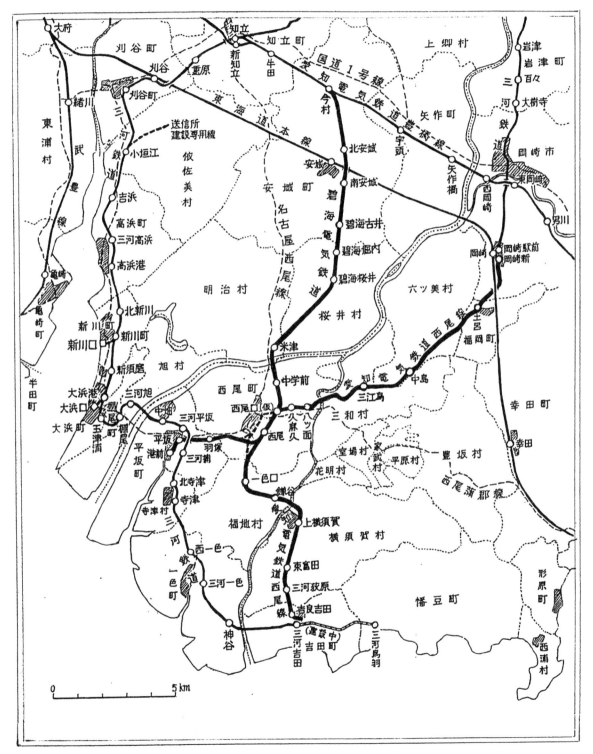

西尾駅が移転・統合された1928（昭和3）年の西尾周辺鉄道路線図　作図：澤田幸雄

化し、1067mmに改軌をおこなった。あわせて碧海電鉄線の架線電圧を1500Vから600Vに降圧して、今村～吉田間で直通運転を開始した。これら工事にあたっては、1925（大正14）年6月に岡崎線（神宮前～東岡崎間）を600Vから1500Vに昇圧した時に不要になった機器が使用された。神宮前～西尾間は約60分、吉良吉田までは約1時間20分と所要時分は大幅に短縮された。同時に吉田港貨物駅を吉良吉田駅に統合している。車両は碧海電鉄のデハ100形に代わり、1921（大正10）年に製造された電3形1022～24、1026の4両が移り、2代目のデハ100形100～103となった。

　一方、岡崎新～西尾間の（旧）西尾線の改軌と電化は遅れ、軽便規格の蒸気列車で運転されており、両線が合流する西尾口に仮駅を設置して連絡していた。1929（昭和4）年1月に昇圧した常滑線の機器を使った電化工事や八ツ面や東海道本線と交差する箇所の改良と改軌工事が行われ、同年4月1日に完成して（旧）西尾線の列車は移転した西尾駅に乗り入れ、岡崎新～港前間に直通電車が走り始めた。岡崎新～西尾間の所要時間は52分から22分と半減し、大幅に短縮された。蒸気鉄道時代の乗換駅だった西尾口（仮）と碧電西尾口（仮）は一旦廃止されるが、翌1930（昭和5）年4月3日に再開されている。

名古屋鉄道　（旧）西尾線、碧海電気鉄道時代

　1935（昭和10）年8月1日に名岐鉄道と愛知電気鉄道は合併して名古屋鉄道が誕生し、（旧）西尾線は名古屋鉄道（旧）西尾線となった。

　貨物輸送の増加とともに、1939（昭和14）年12月25日に国鉄との貨車の継走をおこなうため、安城駅に隣接して新安城貨物駅を設け、南安城から1.1kmの路線を建設した。この貨物線は、1951（昭和26）年3月21日から安城支線として旅客営業をおこなっている。

　1941（昭和16）年6月1日に三河鉄道が合併されると、軍からの要請で飛行場造成のための幡豆石輸送を目的に、約300m離れていた三河線の三河吉田と旧・西尾線（吉田線）の吉良吉田駅の統合が図られた。三河吉田駅を蒲郡方向に0.2km移転するとともに、（旧）西尾線を0.2km延伸して三河線との連絡が完成し、駅名は三河吉田となった。同時に三河線三河吉田～三河鳥羽間の架線電圧を（旧）西尾線にあわせて600Vに降圧し、直通運転をできるようにしている。（旧）西尾線との直通運転は1943（昭和18）年2月1日に始まり、今村～三河鳥羽間で運転が行われるようになった。当初、三河吉田の（旧）西尾線は1線1ホームだったが、ほどなく行違い設備が設けられている。

　戦争が激しくなると、戦時統制下での陸上運輸事業の管理を目的に設立された鉄道軌道統制会より、1943（昭和18）年10月9日に輸送量の少なかった（旧）西尾線岡崎新～西尾間12.7kmが不急不要路線として休止指令があり、同年12月16日に同区間は休止となった。同区間は昭和13（1938）年頃に、各務原線の軍需輸送に対応するため、改軌後使用されていた元愛知電鉄の木造ボギー車1040形（電4形）3両を転出させて、代わりに元美濃電気軌道の小型単車であるセミシ67形（モ70形）が転入し、岡崎新～西尾～港前間で使用されていた。

　この頃、名古屋鉄道では、離れていた新名古屋駅と神宮前駅を結ぶため東西連絡線の建設に着手していた。航空機や弾丸の材料となる鉄の不足が深刻になるなかで、高規格であった碧海電鉄線の37kg/mのレールを撤去して東西連絡線に転用して建設することになり、その穴埋めとして使われたのが休止となった（旧）西尾線岡崎新～西尾間のレールだった。残る資材や小型の車両は豊川工廠への通勤路線として建設がおこなわれていた豊川市内線（国府～豊川市役所間/1945（昭和20）年1月27日開業）に転用された。営業休止となった（旧）西尾線のうち、六ツ美地区や福岡町の住民から再開の要望があり、1951（昭和26）年12月1日に岡崎駅前から福岡町（旧・土呂）までの2.5kmが福岡線として復活し、岡崎市内線の電車が直通している。この間、防諜上の理由などから、1941（昭和16）年2月10日に平坂が平坂口、港前が平坂、1943（昭和18）年11月1日に中島が三河中島と駅名改称がおこなわれている。

　1944（昭和19）年3月1日には、運営は一体であるが補助金等の関係で別会社、別会計のままとなっていた碧海電気鉄道が名古屋鉄道に合併され、今村～西尾間15kmと南安城～新安城間1.1kmが移籍された。これに伴い、碧海電鉄線と（旧）西尾線の路線は統合され、今村～三河吉田間と西尾～平坂間が碧西線となった。

西尾・蒲郡線の一体化と複電圧車による直通列車の運転開始

　戦争が終わり、1948(昭和23)年5月の西部線昇圧に伴う東西直通運転にあわせ、名鉄では新岐阜〜豊橋間を名古屋本線と名付けるとともに、全線規模で線名を改めた。碧西線は西尾線と改称され、三河線のうち三河吉田〜蒲郡間は分離されて蒲郡線の線名が付けられた。運転系統も今村〜蒲郡間が直通で運転されるようになり、西尾線との関係が深くなった。こうしたことから線名が西蒲(にしがま)線と通称されることもあり、ここからは西尾線と蒲郡線を一体として紹介する。また、必要に応じて、西尾〜平坂間は平坂支線、南安城〜新安城(国鉄安城駅に隣接した貨物駅)間は安城支線と呼ばれるようになった。1949(昭和24)年3月1日に一色口を福地、同年12月1日に中学前を桜町前、平坂を港前と改称している。

　1950(昭和25)年に開催された愛知国体にあわせ、10月28日から11月1日までの5日間、安城支線の南安城〜安城間1.1kmで臨時の旅客営業をおこなった。これを受けて、翌1951(昭和26)年3月21日から同区間で旅客営業が開始された。

　1950(昭和25)年に三ヶ根山麓の形原町(現・蒲郡市)、1953(昭和28)年に西浦半島で温泉が発見されると、三河湾の幡豆・蒲郡地区が観光地として注目された。戦後の復興が進み、暮らしが落ち着いてくると、名鉄でも観光開発による需要喚起に力を注ぐようになる。観光地がありながら、架線電圧が600Vで直通運転ができなかった西尾・蒲郡線や広見線に、戦前の優等車でクロスシートを残していた3600系を改造した複電圧車両を投入して直通運転を行った。西尾・蒲郡線へは1955(昭和30)年11月から運転を開始した「いでゆ号」が始まりである。

　複電圧車両の増備を待って、1956(昭和31)年3月11日から西尾〜栄生間に1往復の直通急行が運転された。西尾線内は米津、碧海桜井、南安城に停車し、今村駅の手前で一旦停車し、床下の複電圧装置を切り替えた後、今村駅に到着した。同年末には名古屋本線直通列車は2往復となり、1958(昭和33)年3月には「いでゆ号」の運転区間が蒲郡に延長された。1959(昭和34)年には2往復あった栄生〜蒲郡間の直通列車の行先板の下に小さく「三ヶ根号」の名称が入れられた。

　観光施設の整備も進み、幡豆町は1957(昭和32)年に三ヶ根山山頂へのドライブウェイを開き、翌年には名鉄バスの路線が開通した。名鉄でも1957(昭和32)年5月に幡豆町(現・西尾市)の東幡豆沖にある沖島にニホンザルを放飼して愛称を「猿が島」とし、翌58

三河湾の観光地化にあわせ、600V線区だった西尾・蒲郡線に直通運転できるよう3600系を複電圧車に改造し、1955(昭和30)年11月から「いでゆ号」として運転を開始した。1955.12　西浦　Si

(昭和33)年9月には前島を「うさぎ島」として開苑して、両島をめぐる観光船を運航した。また、蒲郡市と共同で1957(昭和32)年11月21日に形原温泉から三ヶ根山頂を結ぶ三ヶ根山ロープウェイを開業。1959(昭和34)年10月15日には山頂に回転展望台を開設している。こうした観光施設の整備とともに、1958(昭和33)年4月に三河湾東部と渥美半島、知多半島の一部が三河湾国定公園に指定されると観光地としての位置づけが高まり、多くの観光客を集めるようになった。1962(昭和37)年8月からは蒲郡～鳥羽航路に愛知観光船(現・名鉄海上観光船)の水中翼船が就航し、翌年からは西浦に寄港している。1969(昭和44)年7月からはホーバークラフトも就航した。

西尾・蒲郡線の昇圧と観光列車の運転

　三河湾の観光開発が進むと、架線電圧から直通運転ができなかった西尾・蒲郡線の1500V昇圧が具体化した。まず、蒲郡線が1959(昭和34)年7月12日に一足先に1500Vに昇圧され、三河線と直通運転された。残された西尾線の昇圧は9ヶ月後の1960(昭和35)年3月27日におこなわれ、蒲郡線との直通運転が復活し、新名古屋～蒲郡(形原)間に直通急行2往復、休日には観光列車として新岐阜～形原間に特急「三ヶ根号」が運転された。

　昇圧に伴い、碧海電鉄以来の桜井変電所が福地変電所に移転・拡充され、蒲郡駅の場内信号機が増設されて2線に到着できるようになったほか、形原に行違い設備が設けられた。速度も向上し、最高速度が蒲郡線70km/h、西尾線80km/hとなり、今村～蒲郡間が90分から75分、西尾～新名古屋間が60分から52分に短縮された。設備の近代化もすすめられ、昇圧前の1959(昭和34)年4月1日に今村～南安城間が自動閉塞になったのを始まりに、1961(昭和36)年7月20日に蒲郡まで自動閉塞化され、行違い駅でタブレットをやりとりする光景もみられなくなった。1961(昭和36)年4月1日には今村～吉良吉田間、1962(昭和37)年4月1日には吉良吉田～蒲郡間でCTCの使用が開始されている。蒲郡線の貨物列車は電車に貨車を連結した混合列車として運転されていたが、西尾線昇圧時の1960(昭和35)年3月27日に混合列車としての運行が廃止されている。

　昇圧にあわせ平坂支線西尾～港前間4.5kmが廃止されてバスによる運行となり、さらに1961(昭和36)

観光列車として休日に運転されていた「さんがね号」は、1964(昭和39)年9月から「三河湾号」に名称を変更して毎日運転となり、5500系冷房車が使用された。1965.7　蒲郡　Si

年7月30日には安城支線南安城〜安城間1.1kmが廃止された。1960（昭和35）年11月1日には三河吉田が吉良吉田と改称されている。

行楽需要の増加にあわせ、休日の観光客増に対応するため、1960（昭和35）年10月2日に休日ダイヤが設定され、観光列車の運行が年間を通しておこなわれるようになり、「三ヶ根号」の運転は2往復となった。翌1961（昭和36）年6月からは土曜運転の「いでゆ号」が運転され、休日運転の列車は「さんがね号」と改称された。

「さんがね号」は1964（昭和39）年9月14日に「三河湾号」と名称を変えて毎日運転となり、2往復が運転され、5500系冷房車が使用された。西尾・蒲郡線では初の冷房車の運転である。同時に西尾線直通準急が2時間毎から1時間毎に増発され、今村まで東岡崎行と併結して運転されている。1965（昭和40）年3月21日のダイヤ改正では、西尾・蒲郡線の最高速度を90km/hに向上し、新名古屋〜蒲郡間を85分に短縮した。

この頃から支線における定期特急の運転が拡大され、1965（昭和40）年9月15日の改正で名古屋本線内を特急として運転する直通運転の優等列車を1本/時設定し、線内は下り4本、上り5本（うち2往復は三河湾号）の特急と停車駅の多い急行として運転した。1966（昭和41）年3月25日の改正では直通特急を下り5本、上り6本（うち2往復は三河湾号）に増強して、三河線同様、快速特急の看板を掲出し、西尾、上横須賀（一部）、吉良吉田、西浦、形原に停車した。蒲郡線は特急・急行を含め、2本/時の運転となった。また、普通列車停車駅のうち、利用客が少ない駅は昼間帯に通過する処置がとられ、塩津、三河鹿島は2時間に1本の停車になった。同年12月25日には名古屋本線直通特急を2本/時に増発し、1本は線内の今村〜西尾間を急行、西尾〜蒲郡間を普通で運転した。これら名古屋本線直通特急は津島線と結んで運転された。

パノラマカーの登場と座席指定特急の拡充

1961（昭和36）年に登場した7000系パノラマカーは、わが国初の前面展望の採用、スカーレット（赤）一色の斬新な塗装、側面連続窓、空気バネ台車など、従来の鉄道車両の常識を一新して絶大な人気を集めた。

支線区への運転も要望されたが、それら線区は行違い駅での線路有効長などから4両編成が限界で、名古屋本線の6両組成のままでは運行できなかった。そこで7000系の3次車として4連5本（7015〜23編成）が増備され、1967（昭和42）年4月10日から西尾・蒲郡線での運転が開始された。同年8月22日の時刻改正で急行の列車種別が廃止され、特急、準急、普通の3種となった。

三河湾の観光地化に対応して1968（昭和43）年5月12日の時刻改正で西尾・蒲郡線の特急は2本/時の運転となり、同年8月26日の時刻改正で「三河湾号」は大幅に増発され6往復となり、新鵜沼発着の列車も設定された。同年10月28日から日本ライン下りの乗り場のある広見線に向かう列車や下船地の犬山遊園を経由する列車、3本に新たに「ライン号」の名称をつけて、明治村や日本ラインなどの観光拠点である犬山・今渡と三河湾の西浦・蒲郡を直結した。

1969（昭和44）年1月から今渡から下呂方面へのバスと連絡する列車には「下呂号」の名称が付けられている。1969（昭和44）年7月6日の時刻改正で、名古屋

パノラマカーの運転を告知する吉良吉田駅の案内看板。
1967.7　Si

観光特急「三河湾号」の増発と日本ライン犬山を結ぶ「ライン号」の運転を告知する駅貼りポスター。
1968.11　Si

1967(昭和42)年4月10日からパノラマカーの蒲郡線での運転が始まり、1968(昭和43)年8月からは12本が「三河湾号」として運転された。蒲郡に初めて入線した7000系。1967.4.10　蒲郡　Si

本線への直通列車の行先は津島線から変わり、犬山線を経て広見線と各務原線に運転されるようになり、三河湾国定公園と犬山を結ぶ観光列車としての位置づけを明確にした。しかし、1970(昭和45)年12月25日の時刻改正で、直通列車の運転先は名古屋本線の新岐阜に変更されている。

1969(昭和44)年3月21日から、観光需要の高い休日の観光列車の座席を指定した座席指定特急としての運転が開始された。これに伴い、まず「三河湾号」の1往復が座席指定特急となった。休日に観光特急の座席が指定されると、平日朝に名古屋に到着する座席指定特急運転の要望が高まってきた。朝夕の座席指定(確保)特急は、高山本線用のキハ8000系を使い、1965(昭和40)年12月30日から豊橋〜新名古屋間で運転されていた。1970(昭和45)年5月25日から名古屋本線西部や犬山、河和線での座席指定特急の運転が始まり、西尾・蒲郡線でも8月17日から平日朝夕通勤時間帯の列車が座席指定となり、蒲郡方面への座席指定特急は平日1往復、休日2往復となった。

1968(昭和43)年10月1日に拾石、塩津を統合し、蒲郡競艇場前が新設された。1970(昭和45)年5月1日には今村が新安城と改称されている。1971(昭和46)年1月24日には国道247号との立体交差化のため、形原〜三河鹿島間0.6kmが高架化された。1972(昭和47)年4月1日には蒲郡駅付近0.5kmが高架化され、同年12月6日にはバスターミナルを含めた駅ビルが完成し、1973(昭和48)年12月10日には西尾駅がショッピングセンターを含めた総合ビルに改築されている。自動閉塞化に続いて蒲郡線より軌条の50kg/mへの取り替えによる重軌条化が始められ、1969(昭和44)年9月には蒲郡線の最高速度が95km/hに向上。1970(昭和45)年には西尾、1971(昭和46)年12月には新安城まで完成し西尾線の最高速度は100km/hに引き上げられた。さらに1970(昭和45)年2月5日には蒲郡線複線化の認可も得るなど、この頃の西尾・蒲郡線には積極的な投資が進められた。

座席特急の増発と特急の廃止

1974(昭和49)年9月17日のダイヤ改正では、前年の石油危機で自家用車から鉄道に利用者が戻ってきたこともあって、過度の特急を重視した運行に対し修正が加えられ、列車種別としての急行が復活した。また、座席特急(座席指定特急から呼び方変更)のラウンドダイヤ化が進められ、「三河湾号」の昼間帯はほぼ1時間間隔となり、6往復に増発された。普通列車が増発され、2本/時あった料金不要の特急は1本/時に削

減され、津島線系統と結んで運行された。

　同年10月28日には県政100年を記念して児童総合遊園地「愛知こどもの国」がオープンし、それに先立ち10月10日には洲崎駅を0.4km蒲郡方の現在の「こどもの国」駅の位置に移設し、線路も嵩上げされた。駅名が「こどもの国」と改称されるのは1976（昭和51）年10月10日である。

　1977（昭和52）年3月20日のダイヤ改正では列車種別の整理がおこなわれ、座席を指定する有料の「座席特急」を「特急」に、料金不要の特急を「高速」と変更した。蒲郡～森上間で運行されていた特急は、急行に種別変更された。料金が必要な特急は増発され、平・休日とも8往復となった。

　西尾・蒲郡線の運行が大きく変わるのが1982（昭和57）年3月21日のダイヤ改正で、名古屋本線への直通列車が大幅に削減される。平日の特急は朝夕の通勤特急1往復以外が廃止となり、昼間の名古屋本線の直通急行も廃止された。この代替として、線内の普通が増発され、新安城～西尾間は昼間毎時4本、西尾以南は毎時2本として、新名古屋方面へは朝夕を除いて新安城で高速か急行に乗り換えとなった。反面、休日には特急が11往復運転された。しかし、新安城での乗換は不便であることから名古屋方面への直通列車運転の要望は大きく、1983（昭和58）年3月18日の改正で西尾～新名古屋間の特急が毎時1本新設され、1985（昭和60）年3月14日には蒲郡～佐屋間の急行（線内は普通）が毎時1本復活した。反面、4本/時あった普通列車は名古屋本線への直通を含め、3本/時となった。

　1989（平成元）年7月15日に名古屋市で世界デザイン博覧会が開催されると、昼間帯の西尾～新名古屋間の特急に1000系パノラマスーパーが使用され、期間中、新岐阜まで延長運転された。また、休日に運転されていた蒲郡行特急は朝夕の1往復を除き、一時的に廃止されたが、会期終了の11月27日以降は4往復が復活し、これら列車には7000系白帯車が使用された。

　1990（平成2）年7月1日には、閑散線区対策として導入された軽量気動車のLEカーが、三河線吉良吉田～碧南間で運行を始めている。1992（平成4）年11月24日には、西尾線直通特急に1984（昭和59）年に犬山と南知多を結ぶ観光用の特急として製造された8800系パ

西尾線の特急は、平日は1982（昭和57）年3月21日から朝夕の1往復を除いて廃止されたが、1983（昭和58）年3月18日に西尾～佐屋間の特急が毎時1本新設され、1992（平成4）年11月からはパノラマDX（デラックス）が使用された。
1996.4.6　碧海桜井～米津　Ha

ノラマDX（デラックス）の座席等を他の特急車にあわせて改造し、津島線に延長して西尾〜佐屋間で運行が開始された。改造に伴い、デラックス座席指定料金520円は通常の特急車と同じく310円に値下げされた。平日朝の名古屋行通勤特急は、西尾でパノラマDXを増結し、6両で運行した。反面、西尾以南の休日昼間帯の特急が廃止され、西尾以南の特急は朝夕の1往復のみの運転となった。夕方に1本残った蒲郡行特急には「三河湾」の名称が残ったが、パノラマDXによる運行となったため、その名称が列車に掲げられることはなくなった。さらに座席指定券のオンライン発売にともない指定券面も列車名表示をなくして列車番号だけとなり、有料特急に列車名を表示する必要がなくなったことから、1994（平成6）年3月29日

限りで「三河湾」の名称はなくなっている。特急は1993（平成5）年8月12日から吉良吉田まで延長されたが、吉良吉田構内の有効長不足などから、1000系パノラマスーパーが充当されることはなくなった。1992（平成4）年11月24日には昼間帯の蒲郡〜佐屋間急行における西尾〜新安城間が普通から急行運転になった。

この間、1981（昭和56）年5月1日に南安城駅付近の1.5kmが高架化されて駅も高架駅となり、1989（平成元）年7月2日には西尾駅前後の3kmが高架化され、桜町前側は複線分の高架橋が整備された。1984（昭和59）年9月1日には吉良吉田駅が改築され、1988（昭和63）年9月1日には火事で焼失した形原駅舎が再建されている。同年9月17日には蒲郡競艇場前駅が吉良吉田側に移設された。

名鉄西尾・蒲郡線対策協議会の発足

1990年代初めにバブル経済が崩壊すると、不良債権の処理など鉄道を取り巻く経営環境が厳しくなった。また、モータリゼーションの進展で利用者が減った線区に対し、民営化したJR東海の攻勢などにより、本線系路線からの内部補助でこれら閑散線区を維持するという仕組みそのものが限界に来つつあった。

閑散線区での経費削減が課題となり、西尾・蒲郡線では1998（平成10）年4月6日から蒲郡線は朝夕の特急1往復と朝に残った名古屋本線への直通急行を除き、運転は西尾〜蒲郡間の折り返しとなり、運行間隔は30分となった。そして6月1日から同区間で朝混雑時を除き、1500V線区初のワンマン運転を行うこととして、車内で運賃収受を行なうため、6000系3次車のうち5本（6009〜6013編成）に自動両替機付運賃箱と客室扉脇にLED式の扉扱い表示器を設置し、運転台にはワンマン切替スイッチ、自動放送装置、足踏みデッドマン装置の設置などの工事を行い、無人駅には券売機を設置した。同時に東幡豆、西浦が無人化され、蒲郡接続のJR連絡運輸が廃止された。

規制緩和の流れの中、2000（平成12）年3月に鉄道事業法の一部改正が行われ、需給調整規制の撤廃などとあわせ、鉄道路線の廃止手続きは従来の許可制から事前（1年前）届け出制になった。これにより岐阜地区の揖斐・谷汲線などが廃止され、2004（平成16）年4月1日にはLEカーで運転されていた三河線吉良吉田〜碧南間が廃止され、碧南〜吉良高校前間で「ふれんどバス」の運行が始められている。2005（平成17）

年1月29日のダイヤ改正では、朝夕に残っていた吉良吉田〜蒲郡間の全車特別車の特急が廃止され、吉良吉田まで運行されていた昼間の特急も西尾止まりとなり、車両が8800系パノラマDXから1600系に切り替えられた。

同年12月20日には、西尾〜蒲郡間の公共交通機関としての利用促進を図るとともに、費用削減等の維持存続に向けての必要な事項を検討し、実施することを目的に、西尾・蒲郡の2市と吉良・幡豆の2町（2011（平成23）年4月に西尾市に合併）、市民団体、名鉄による名鉄西尾・蒲郡線対策協議会が発足し、地域住民、経済界、行政、交通事業者が一体となって地域をあげて両線の利用促進、沿線の活性化を図っていくことになった。2025（令和7）年3月19日に開催された第29回対策協議会では、線路など鉄道インフラの設備投資や修繕の費用の一部を名鉄に代わり西尾・蒲郡市が負担する「みなし上下分離方式」を2027（令和9）年4月から導入することが決定され、今後ローカル線の経営改善を支援する国の鉄道事業再構築事業の適用を受け、同方式へ移行する。計画期間は2027年度から15年間で、地域が発展していくための必要不可欠なまちづくりのための投資として、両市が年間4〜4億5千万円を負担する。

2008（平成20）年6月21日に碧海桜井駅前後の2.1kmが高架化され、西尾方面が複線化されるとともに、駅も6両編成対応の2面2線のホームとなった。複線区間の南には6月29日に南桜井駅が新設された。同時に碧

海桜井が桜井、碧海堀内が堀内公園に改称されている。これに先立ち、6月14日に高架時に複線分の路盤が用意されていた西尾口～西尾間が複線化されている。

あわせて福地、上横須賀、吉良吉田駅にトランパスが導入され、駅集中管理システムとストアードフェアシステムが西尾線全線に拡大された。しかし蒲郡線に同システムは導入されなかったため、吉良吉田駅に乗換改札を設けて乗車券の確認を行うとともに、ワンマン運転区間を吉良吉田～蒲郡間に短縮して蒲郡線内は車内精算となった。このため、manaca等のICカードは蒲郡線内では使用できない。これを機に西尾～蒲郡間の直通運転は完全に廃止され、吉良吉田駅の蒲郡線乗り場は旧三河線ホームの2番線に変更された。

西尾線を走る全車特別車の特急は、朝夜の1往復が西尾まで一部特別車編成として残った以外は廃止され、快速急行あるいは準急となり西尾～吉良吉田間が延伸された。南桜井は当初は朝夕の準急のみ停車したが、2019（令和元）年3月16日より急行停車駅となり、これに伴い西尾線内の準急が消滅している。なお、西尾以北に1往復残った一部特別車の特急は、2023（令和4）年3月18日改正で全車一般席車の特急に変更され、平日早朝1本のみの運転として、始発を吉良吉田に変更している。

2000（平成12）年11月11日の蒲郡競艇場前～蒲郡間2.3kmの高架化に続き工事が行われていた東海道本線の蒲郡駅前後の高架化が完成して新駅舎が完成したことから、2005（平成17）年12月26日に蒲郡線との改札が分離されている。翌2006（平成18）年12月16日には、利用者の少ない鎌谷と三河荻原駅が廃止となった。

名鉄西尾・蒲郡線対策協議会による「地域とともに更なる観光推進」の一環として、2022（令和4）年3月19日より6000系6011編成に1980～90年代に有料特急専用車両であることを示すため7700系などの車体に施されていた白い帯状の塗装をイメージした「白帯」ラッピングが施され、「西蒲線」になぞらえて「にしがま号」の愛称で運行された。続いて2023（令和5）年9月9日には西尾市政70周年の記念事業として、6010編成にかつて観光特急「三河湾号」として名古屋から蒲郡の間で運行された5500系をイメージしたサーモンピンクとマルーンの塗装を復刻して運行した。さらに2024（令和6）年3月2日には6009編成がかつて3400系に塗られていた濃淡グリーン、7月6日には蒲郡市制70周年の記念事業として6013編成にストロークリームに赤帯を施して運行している。この結果、蒲郡線を走る6000系ワンマン車5本のうち、4本が復刻塗装で運行している。

閑散線区となった蒲郡線の存続が課題となり、1998（平成10）年6月からはワンマン運転となった。活性化のため、2022（令和4）年3月19日からは6000系ワンマン車に復刻塗装を施して運転がおこなわれている。
2024.4.10　三河鳥羽　Ha

新安城(旧・今村)駅

　愛知電気鉄道の岡崎線延伸にあたり、1923(大正12)年6月1日に新知立(後の東知立)～西岡崎間開業にあわせ今村駅として開業。愛知電鉄の駅名は、原則、当時の自治体名を採用したが、町・村は省いていた。今村は「今」のみだったことから、語呂の関係か、今村になったと思われる。その後、町制を敷くことなく安城町に合併したため、地名は字今となっている。

　1925(大正14)年5月25日に設立された碧海電気鉄道は、当初は宇頭から西尾を結ぶ計画だったが、今村に変更し、1926(大正15)年7月1日に今村～米津間11.8kmを開通している。碧海電気鉄道の西尾線は碧西線を経て、1948(昭和23)年5月16日に西尾線に改称された。

　西尾線の列車は南側の1,2番線を使用し、名古屋本線への直通列車は2番線と名古屋本線の副本線である3番線を使用している。西尾線が600Vの時代は、3番線へは駅手前で停車し、電圧の切り替えをおこなった後、ホームに入線した。1964(昭和39)年までは駅南の愛知紡績への専用線があり、600V時代は名古屋電気鉄道郡部線開業時の車両で、2軸単車だったデシ500形をボギー台車へ改造して電気機関車としたデキ50形が使用された。

　1969(昭和44)年3月21日に改札口が地下化され、1970(昭和45)年5月1日に駅名を新安城と改称している。さらに2020(令和2)年12月19日の橋上駅化で改札口は橋上駅舎内に切り替えられた。

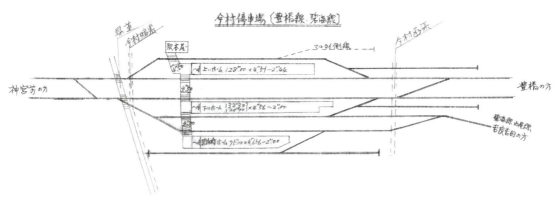

1967(昭和42)年の今村(現・新安城)駅構内配線図

新安城に改称直前の今村駅舎。アパート併設の駅ビルは1969(昭和44)年に完成し、改札口は地下に移された。1969　Kr

架線電圧が600Vで2両時代の西尾線ホームに停まる複電圧車の3600系とク2060形。戦前の優等車でクロスシートを残していた3600系を複電圧車に改造し、西尾線に直通運転を行った直後の撮影。この頃、ホームの番線は駅舎のある北側から付けられていた。1955.12　Si

昇圧後の西尾線ホームに停まるモ3350形とモ910形。
モ3350形は1928（昭和3）年に愛知電鉄が豊橋開通に備えて新造した18m級の大型車。モ910形は1931（昭和6）年に知多鉄道の開通に備えて新造された車体長16.9mの車両で、モ910形がやや小ぶりであるものの外観は大変よく似ていた。
1964　Si

快速特急のマークを付けた5200系の「三河湾2号」。西尾線内の特急は1965（昭和40）年9月15日から運転が始められ、1966（昭和41）年3月25日から先頭には快速特急のマークが掲げられた。線内では西尾、上横須賀（一部）、吉良吉田、西浦、形原だけに停車した。
1966.4　Si

今村駅から西尾線方面を望む。右の側線に停まっているのは愛知紡績入換用で、名古屋鉄道郡部線開業時の車両であるデシ500形をボギー台車に改造した電気機関車のデキ50形。西尾線を発車するのは1923（大正12）年製の愛電初の電気機関車であるデキ360形。4番線に停車しているのは1940（昭和15）年に上田電鉄から購入したデキ500形501牽引の本線貨物列車。
1958.9.21　Hi

北安城駅

　碧海電気鉄道により1926（大正15）年7月1日に開業。1面1線のホーム配置で、開業時は民間店舗を改造して駅舎として使用し、委託販売をしていたが、1941（昭和16）年頃から駅員が配置された。1950（昭和25）年に第5回国民体育大会が開催されるのにあわせ、同年10月に駅舎が新築された。国鉄安城駅に近く、付近に学校、工場も多いことから、最盛期の利用者数は南安城を上回り、西尾に迫る勢いがあった。しかし、1951（昭和26）年3月の安城支線旅客扱いの開始や1955（昭和30）年頃からの国鉄安城駅～新安城駅間のバスの増加により利用者数は減少傾向となり、1965（昭和40）年9月に新設された特急が通過したことから利用者数は激減した。1967（昭和42）年3月に駅員無配置になり、1973（昭和48）年6月頃に駅舎も撤去された。2007（平成19）年10月に駅集中管理システムが導入された。

北安城駅駅舎。1966.9.8　Kr

北安城に停車するク2066＋モ205。ク2060形は元名岐鉄道の非電化線だった大曽根線（現・小牧線）用に製造されたガソリンカーのキボ50形を戦後に制御車に改造した車両で、車体長10.6mの小型車両。西尾線や瀬戸線で使用され、1961（昭和36）年には築港支線に転属して通勤列車に使用された。モ200形は1923（大正12）年製の元尾西鉄道デホ200形。1960.2.28　In

南安城の北側を走るモ1020形1021＋モ200形204＋ク2060形。モ1020形は1921（大正10）年5月に6両が製造された愛知電鉄初のボギー車の電3形である。
1959.6　Si

南安城駅

　碧海電気鉄道今村（現・新安城）～米津間開通により1926（大正15）年7月1日に開業。当初の駅舎は線路東側に位置していた。1939（昭和14）年12月25日に国鉄安城駅への貨物線が開業し、戦後の1951（昭和26）年3月21日から南安城～安城間1.1kmの安城支線として旅客営業している。安城支線運行時のホーム配置は2面3線だった。

　安城支線の旅客営業は1961（昭和36）年7月30日に廃止されてバス代行となり、同時に駅舎も代行輸送に便利な線路西側に移転し、1963（昭和38）年には貨物営業も廃止している。

　1981（昭和56）年5月1日には駅前後の1.5kmが高架化され、西尾線で初の高架駅となるとともに、ホームも6両対応として相対式の2面2線となった。安城市の中心部に近いが、2007（平成9）年10月駅集中管理システムの導入で無人化されている。2019（平成31）年3月にバリアフリー化とエレベータの新設が行われた。特急停車駅で平日朝の名古屋方面への全車一般席特急が停車する。

安城支線廃止後の南安城駅駅舎。駅舎は東側にあったが、安城支線のバス代行に伴い、線路の西側に移転・新築された。
1961.8　Si

南安城の北側で併走する蒲郡行の名古屋本線からの直通列車とデキ1000形1001の牽く安城支線の貨物列車。
1958　Si

駅舎移転前の旧駅舎（左）と新駅舎（右）。ホームには3線に車両が停まっている。安城支線は、もっとも西側の線路に発着した。
1961.7　Si

南安城を発車するモ1031＋モ1004＋ク2060形。モ1030形は1922(大正11)年に2両が製造された電4形で、外観はモ1000形、モ1020形となった電3形と同じであるが、車体長が少し長い。
1959.6　Si

南安城で行き違うモ3603-ク2603の蒲郡行「三ヶ根号」と元愛電電3形のモ1020形1021。3600系は2往復が運転されていた栄生～蒲郡間の直通列車で、行先板の下に「三ヶ根号」の名称が入れられている。
1958　Si

安城支線があった頃の南安城で並ぶ3列車。右から安城支線用のモ85。真ん中が元尾西鉄道のモ200形。左が名古屋と蒲郡間の直通運転に使用されていた複電圧車の3600系。
1959.4　Si

高架化前の南安城に到着する
850系。
1979.9.14　Ha

高架工事中の南安城に到着するモ
830形831＋ク2500形2502。左側
は高架工事のための仮線。
1979.9.14　Ha

高架駅となった南安城で行き違う
6000系2次車の6008編成と10次車
の6052編成。引退を控え、ありがと
うの惜別板が掲げられている。
2023.6.9　Ha

第1章 西尾・蒲郡線　27

■安城支線（南安城〜安城間）

　碧海電気鉄道時代の1939（昭和14）年12月25日に東海道本線との貨車の継走をおこなうため、新安城貨物駅を結んで開業した1.1kmの貨物線。戦後になり、1950（昭和25）年に開催された第5回国民体育大会にあわせ、10月28日から11月1日までの5日間、臨時の旅客営業をおこない、1951（昭和26）年3月21日から南安城〜安城間1.1kmの安城支線として本格的な営業を開始した。これにより安城駅の片隅にホームを設け、新安城を安城に改称している。旅客列車の運行は1〜1時間半に1本程度で、1両の車両が往復した。これに対し、貨物列車は1959（昭和34）年に17往復が設定されていた。1961（昭和36）年7月30日に廃止されてバス代行となった。

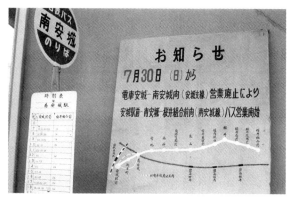

安城支線廃止に伴う代替バスの案内。
1961.7　Si

国鉄安城駅に隣接した安城支線安城駅に停車中のモ85。
1959.4　Si

安城を出発して安城支線を南安城に向かう元三河鉄道デ100形のモ1080形1085。1500V昇圧後で廃止直前の撮影。
1961.7　Si

南安城を出発して安城支線を安城に向かうモ85。しばらくの間、西尾線と併走する。
1959.4　Si

南安城をでて安城支線を安城に向かうデキ360形361牽引の貨物列車。安城支線の建設は国鉄との貨車の授受が目的だっただけに、電気機関車の牽く貨物列車や電車が貨車を牽く混合列車が運転された。デキ360形は1923(大正12)年製の愛電初の電気機関車で、デキ361は西尾線で使用された。
1960.3　Si

安城支線を安城に向かうモ1080形1085。1960(昭和35)年3月27日に架線電圧を1500Vに昇圧後はモ85に代わり、単行で運転できるHL車が使用された。
1961.7　Si

コラム モ85形85

　名古屋市内の路面電車を運行していた名古屋電気鉄道では、1912（大正元）年に開業した初の郊外線である郡部線用に38両製造した一般客車のデシ500形車両に加え、翌1913（大正2）年1月に2両の特別車（貴賓車）を竣工させている。形式や記号・番号は特別客車を意味するトクとなり、その1号及び2号として車体にはState Carriageの略であるS.C.No.Ⅰ、S.C.No.Ⅱの番号が大きく描かれた。デシ500形との違いは側面ガラス窓の拡大による広窓化と車内座席の変更で、窓割は大きく変わり、横長の5枚窓となり、アーチ状の飾り窓も窓1枚にひとつとなった。室内幕板には浮彫りの模様が入り、座席はソファーとなり、トク1には中央部に楕円形の机と丸椅子が据えられた。塗装は濃緑色で、金色の縁取りが付けられた。

　特別車の使用は、1915（大正4）年10月に東宮殿下（後の昭和天皇）が行啓の際、市内線の白鳥から築港まで、トク1（SC1）にご乗用になった記録が残っている。また、一宮線（1965（昭和40）年4月25日廃止）浅野駅の近くに豊臣政権の五奉行の一人である浅野長政の屋敷跡があり、元広島藩主浅野長勲の来訪時に運転されたという。しかし、トク1は1920（大正9）年の那古野車庫の火災で焼失し、トク2は後継の貴賓車であるトク3が1927（昭和2）年に製造されたため、貴賓車としての用途を失い、1931（昭和6）年12月に集電装置および踏み段を改良して一般客車に改造され、デシ551に改番された。

　デシ551は1940（昭和15）年に一旦廃車になったが、戦時下の車両不足に対応するため1942（昭和17）年に空気制動に改造しモ40形41として復活し、(旧)西尾線で使用された。戦後は1949（昭和24）年の改番でモ85形85となり、1951（昭和26）年3月21日から本格営業が始まった安城支線の専用車となった。1960（昭和35）年3月27日に西尾線とあわせて安城支線が1500Vに昇圧され、それにあわせて廃車となった。

側面5枚の広窓が貴賓車としての由緒を伝えるモ85形85。1959.6　Si

モ85車内。1955.11　Si

一般客車に改造後も、室内幕板には浮彫りの模様が残っていた。1959.4　Si

旅客営業だけでなく、数両の貨物を牽引したり、安城駅では継走貨物の入換えにも使用された。1960.3　Si

安城駅に停車中のモ85。右は国鉄安城駅。1959.4　Si

碧海古井・碧海堀内(現・堀内公園)駅

碧海古井駅

　碧海電気鉄道により1926(大正15)年7月1日に開業。1面1線のホーム配置で当初から無人駅であるが、1932(昭和7)年5月頃からホーム東側に委託の乗車券販売所が設置されていた。戦時下の1944(昭和19)年に休止され、1952(昭和27)年10月1日に復活している。1964(昭和39)年に駅西方に県営住宅ができ、利用者が増加したことから乗車券の委託販売が再開されたが、1969(昭和44)年の名鉄バス古井住宅線開設に伴い利用者は減少した。2007(平成19)年11月に駅集中管理システムが導入されている。

　碧海電鉄の名残を伝える「碧海」をつけた駅名は「碧海堀内」「碧海桜井」とあわせて3駅あったが、「碧海古井」以外は2008(平成20)年6月に駅名を改称したため、唯一の存在となった。地元では「へっかいふるい」と呼ぶ例が多い。

碧海堀内駅(現・堀内公園駅)

　碧海電気鉄道により1926(大正15)年7月1日に開業し、1面1線のホーム配置で当初から無人駅。駅東には安城市政40周年を記念して、1992(平成4)年4月に観覧車やサイクルモノレールなどの遊戯機器のある堀内公園が開園している。2006(平成18)年に利用者数が1日300人以下であることから名鉄側から駅廃止が示唆されたが、地元の署名活動や安城市が駅舎の改修費を負担することで存続した。2007(平成19)年11月8日に新駅舎が完成し、駅集中管理システムが導入された。翌2008(平成20)年6月29日に隣接する公園にあわせて駅名が堀内公園と改称されている。

委託の碧海堀内駅の乗車券販売所。1966.11.6　Kr

碧海電鉄ゆかりの碧海のついた駅名が並んでいた碧海堀内の駅名標。撮影の翌日、堀内公園に変更された。
2008.6.28　Ha

碧海古井駅の乗車券販売所。1966.11.6　Kr

碧海堀内が堀内公園と駅名変更された2008(平成20)年6月29日のダイヤ改正を告知する立て看板。
2008.6.28　碧海堀内　Ha

碧海桜井（現・桜井）駅

　碧海電気鉄道今村（現・新安城）〜米津間開通により1926（大正15）年7月1日に旧桜井村の中央部に開業した。行違い設備をもつ2面2線の駅で、1959（昭和34）年4月15日に2代目駅舎が完成し、1963（昭和38）年度まで貨物営業が行われている。2007（平成19）年11月に駅集中管理システムが導入された。

　駅周辺の土地区画整理事業にあわせ、2008（平成20）年6月21日に駅前後2.1kmの高架化と南桜井側に1.8kmが複線化され、相対式6両ホーム2面の高架駅となった。同年6月29日に駅名が桜井に改称され、同時に特急が停車するようになった。

高架化直前の碧海桜井駅駅舎
2006.12.14　Ha

600V時代末期の1960（昭和35）年2月の碧海桜井駅。正面5枚窓のモ1020形はモ1000形、1010形と同じ元愛知電鉄電3形であるが、1928（昭和3）年頃に郵便室を設けたことから形式がわけられ、デハユ→モユ1020形になった。後に郵便室を撤去してモ1020形となった。
1960.2　Si

碧海桜井ですれ違う3400系（左）と850系。3400系は名古屋本線に直通する佐屋行（新安城から急行）、850系は新安城〜西尾間の普通列車で運行している。
1988.3.12　Ha

碧海桜井ですれ違う3400系(右)と850系(左)。軌道の重軌条化により走行速度が高い西尾・蒲郡線の急行・普通列車にはAL車が重点的に使われており、最後の活躍の舞台となっていた。元愛知電鉄の技術者が設計した3400系と元名岐鉄道の技術者が設計した850系という、同時期に製造されたがまったく外観の異なる流線形車両が顔をそろえた。1988.12　Ha

第1章 西尾・蒲郡線

2008(平成20)年6月21日に高架化された碧海桜井駅に到着する1600系の西尾行特急。西尾線の昼間時間帯の特急は6月29日に廃止され、さらに朝夕に残った特急の車両も全車特別車から一般車に変更されるので、高架線を全車特別車の特急が走ったのはわずか8日間だけだった。1600系は、この後、一部特別車の1700系に改造される。
2008.6.28　Ha

高架駅となった碧海桜井。碧海桜井の駅名は6月29日に桜井に改称されるので、高架駅に碧海桜井の名称が掲げられたのは8日間だけだった。2008.6.28　Ha

高架化された碧海桜井駅。8日間のみ碧海桜井の駅名が掲げられた。2008.6.28　Ha

高架化された碧海桜井に停車する1000系パノラマスーパー。最末期の西尾行の特急は1000系パノラマスーパーと1600系が使用されていた。2008(平成20)年6月29日の改正で昼間帯の全車特別車の西尾行特急は廃止され、1000系パノラマスーパーも12月27日のダイヤ改正で運行を終了した。2008.6.28　Ha

南桜井駅

　2008（平成20）年6月29日に開業した新しい駅で、周辺にアイシングループの工場が点在し道路混雑が激しいため、同年6月21日に複線化された碧海桜井～米津間の南桜井信号場の北に設けられた。複線区間であることから、ホーム長6両の相対式2面2線の駅で、開業時より駅集中管理システムが導入されている。当初は朝夕のみ準急列車が停車したが、2019（令和元）年3月16日の改正で準急がなくなったことで、現在はすべての急行が停車している。

2008（平成20）年6月29日に開業した南桜井駅。
2024.7.29　Ha

南桜井駅設置地点を走る6000系。現在、この区間は複線化されている。西尾線の前身である碧海電鉄では、建設にあたって複線分の用地を確保しており、その様子がこの写真からもわかる。
碧海桜井～米津間　2007.4.8　Ha

複線化前の南桜井信号場付近を走る8800系パノラマDX。この南あたりに南桜井信号場が設けられ、南桜井駅を含む南桜井信号場～碧海桜井間が複線化された。8800系パノラマDXは、1992（平成4）年の車内改装後は主に西尾～津島間の特急に使用され、2005（平成17）年に廃車になった。前頭には名古屋鉄道創業100年を記念したマークが掲げられている。
1994.4.9　Ha

アイシン精機(現・アイシン)安城工場の桜並木の中を走る7000系特急改装車(白帯車)。7000系を使った全車指定席車の特急の運転は、1600系が登場した1999(平成11)年5月10日のダイヤ改正で終了した。
1995.4.13　Ha

同地点を走る1600系の全車特別車の特急。1999(平成11)年5月10日のダイヤ改正で登場し、2008(平成20)年6月29日の改正まで、主に西尾〜津島間の特急で使用された。全車特別車の特急運行の終了に伴い、一部特別車の1700系に改造され、2021(令和3)年まで使用された。2008.4.5　Ha

米津駅

　碧海電気鉄道今村（現・新安城）〜米津間開通により1926（大正15）年7月1日に開業。米津がいったん終着駅となったのは、西尾鉄道の反対で米津以南の免許が下りなかったのと西尾町の都市計画で西尾駅が東に移転したためで、米津橋梁の完成で1928（昭和3）年8月5日に西尾口まで延長され、中間駅となった。貨物営業は1962（昭和37）年度に廃止されている。

　4両ホーム2面2線の行違い駅で、急行停車駅でもあり、駅員が配置されていたが、1985（昭和60）年2月に無人化されている。2007（平成19）年11月に駅集中管理システムが導入された。

米津駅駅舎。1966.11.6　Kr

1955（昭和30）年の米津駅。停車しているのはモ200形＋ク2060形。1955.12　Si

1960（昭和35）年3月27日に行われた昇圧直後の米津駅ですれ違う3700系（左）と3600系（右）。3700系は旧型木造車の台車や電機品を再利用し全金属製の車体を製造したHL車で、1957（昭和32）〜1959（昭和34）年に38両が製造されていた。昇圧に伴い複電圧車の3600系で運行されていた栄生行の名古屋本線直通列車は3700系に置き換えられている。1960.5　Si

米津で行違う7700系の蒲郡行急行と5500系の新岐阜行急行。この頃、西尾線と蒲郡線の急行は時間1本の運転で、米津で行き違っていた。 1979.2.27　Ha

長さ277.52mの米津橋梁を渡る4両組成時代の7700系特急。7700系は1990（平成2）年に特急の指定席車と一般席車の併結運転が始まったことで2両組成の指定席車が不足することから、4両組成は中間車を抜いて2両組成化され、白帯をまいて特急専用車に改装されている。　1983.3.19　Ha

米津橋梁を渡るモ200形＋ク2060形。1960.2　Si

同地点の3550系モ3559－ク2559。3550系は戦時下の輸送需要の増加に対応するため、1944（昭和19）年に製造された3扉車。
1983.3.19　Ha

第1章 西尾・蒲郡線　41

沈む夕陽に7000系パノラマカーのシルエットが浮かび上がる。1980.12.14　Ha

桜咲く矢作川米津橋梁を渡る西尾線特急車

7000系パノラマカーの運行は1967(昭和42)年4月10日に始まり、1970(昭和45)年8月17日からは座席指定特急としても運行され、1990(平成2)年までに特急専用車に改装された7000系(白帯車)に置き換えられた。1988.4.15　Ha

特急専用車に改装された7000系(白帯車)は1982(昭和57)年3月21日から運行が始まり、1600系に置き換えられる1999(平成11)年5月10日のダイヤ改正まで特急に使用された。1995.4.13　Ha

1000系パノラマスーパーは、1989（平成元）年の世界デザイン博覧会を機に西尾線での運転が始まり、1993（平成5）年から一時期、使用されない時もあったが、2005（平成17）年1月29日の西尾行特急の運転区間短縮で西尾線特急に戻り、2008（平成20）年6月29日の昼間帯の西尾行特急廃止まで運行された。2008.4.5　Ha

8800系パノラマDXは、内装を一般車仕様に改装した1992（平成4）年から主に西尾～津島間の特急として運行され、2005（平成17）年1月29日のダイヤ改正を機に廃車となった。橋上の架線柱は、1995（平成7）年に下流側に付け替えられている。1996.4.10　Ha

第1章 西尾・蒲郡線　45

桜町前・西尾口駅

桜町前駅

　碧海電気鉄道米津〜西尾口(仮)間開通に伴い、駅近くに旧制西尾中学校(現・愛知県立西尾高等学校)があることから中学前として1928(昭和3)年8月5日に開業。1面1線の構造で、1949(昭和24)年12月1日に桜町前と改称し、1950〜51(昭和25〜26)年頃に駅舎が設けられた。1967(昭和42)年4月1日に無人化され、駅舎も1973(昭和48)年頃に撤去されている。1993(平成5)年8月12日から急行が停車するようになった。2007(平成19)年11月に駅集中管理システムが導入されている。

桜町前駅駅舎。1966.11.3　Kr

桜町前を出て矢作川の米津橋梁にかかる3400系。
桜町前〜米津
1988.3.12　Ha

春の桜町前駅付近を走る7000系特急改装車(白帯車)。
1992.4.5　Ha

春の桜町前駅付近を走る5500系の名古屋本線からの直通列車。西尾線と名古屋本線との直通列車は1985(昭和60)年3月の復活後、1992(平成4)年11月23日までは西尾線内も普通列車としての運転だった。1992.4.5　Ha

西尾口駅

　碧海電気鉄道米津〜碧電西尾口(仮)間開通により、1928(昭和3)年8月5日に現在地の北約200mの位置に仮駅として開業。同年10月1日に現在の西尾駅への路線延伸にあわせ、蒸気機関車で運行していた岡崎新への(旧)西尾線に西尾口(仮)駅を設け、連絡駅とした。同時に線路用地等の関係から改軌・電化工事に対応できない(旧)西尾線の西尾口(仮)駅と町中の旧西尾駅間を廃止している。1929(昭和4)年4月1日に(旧)西尾線の改軌・電化で現・西尾駅へ乗り入れたことから、一旦、駅は廃止された。

　地元からの駅復活の要望により、1930(昭和5)年4月3日に碧海西尾口((旧)西尾線側は西尾口)として復活し、駅舎も設けられたが、1943(昭和18)年12月16日に(旧)西尾線岡崎新〜西尾間は休止されている。1944(昭和19)年3月1日の碧海電鉄合併により、駅名は西尾口と改称された。利用客の減少から乗車券の販売は委託され、1970(昭和45)年頃に廃止され

ている。また、1966(昭和41)年頃から1985(昭和60)年3月13日まで普通列車の一部が通過した。

　1989(平成元)年7月2日に西尾駅付近3kmの区間の高架化にあわせ1面1線の高架駅となり、2007(平成19)年11月に駅集中管理システムが導入されている。駅北から西尾駅までの約1.3kmは高架化時点で路盤は複線構造となっており、2008(平成20)年6月14日に駅南までの約600mが複線化された。

西尾口駅駅舎。1966.11.3　Kr

第1章 西尾・蒲郡線　47

西尾駅

　国鉄岡崎駅に隣接する岡崎新駅への路線を1911（明治44）年10月30日に開業させた西尾鉄道（開業時は西三軌道）の西尾駅は、現在地とは異なり、約400m西の街の中心部にあった。軽便鉄道の規格で建設された岡崎新から西尾を経て港前、吉良吉田への路線である（旧）西尾線、平坂線、吉田線は、西尾の市街地で曲線が多く、線路両側の構築物のため、改軌・電化を進めるにあたって路盤拡幅の余裕がなかった。西尾鉄道を合併し、また、碧海電気鉄道の親会社である愛知電気鉄道では、この頃、西尾町で進められていた東部の花ノ木地区での耕地整理と連携し、碧海電鉄の西尾延伸も踏まえて統合した駅を設けることになった。

　こうして1928（昭和3）年10月1日に碧海電鉄と、600Vでの電化と1067mmへの改軌をおこなった元西尾鉄道の平坂線、吉田線の西尾駅が開設され、広い構内には車庫も設けられた。架線電圧が1500Vだった碧海電鉄線は600Vに降圧して、今村～吉田間で直通運転を開始している。駅舎は食堂も併設された洋風建築で、駅前からは広い放射状の道路も延びて、その後の西尾町の発展につながっていく。翌1929（昭和4）年4月1日には狭軌・非電化だった元西尾鉄道の岡崎新～西尾口間も同様に改軌・電化され、西尾駅に乗り入れた。統合後の西尾駅は2面2線で、岡崎新、今村、吉良吉田、港前行の列車が発着し、1935（昭和10）年頃には毎時53分頃に全方面への列車が集結するダイヤが組まれていたという。しかし、（旧）西尾線の岡崎新～西尾口間は、不急不要の路線として1943（昭和18）年12月16日に休止となり、1959（昭和34）年11月25日に正式に廃止となっている。1944（昭和19）年3月1日の碧海電気鉄道の合併で、今村～西尾間は（旧）西尾線の平坂線、吉田線を統合して、碧西線となった。

　1960（昭和35）年3月27日に西尾線の架線電圧が

ビル化前の西尾駅駅舎。1966.4　Si

1973（昭和48）年にビル化された西尾駅。1974.1　Si

1967（昭和42）年の西尾駅構内配線図

1500Vに昇圧されると、600V線区だった平坂支線西尾～港前間4.5kmが廃止され、構内にあった西尾車庫も廃止されてホームは1面2線に縮小された。貨物営業も行われていたが、1969(昭和44)年度に廃止されている。

駅舎は1973(昭和48)年12月10日に鉄筋4階建てに建て替えられ、駅ビルには名鉄ストアが入店し、その後、名鉄パレ西尾店となったが2013(平成25)年に閉店し、耐震性の問題から建物も解体された。

1986(昭和61)年から高架化工事が開始され、1989(平成元)年7月2日に桜町前～福地間3kmが高架化され、西尾駅も1面2線の高架駅となり、駅機能が高架下に移転した。高架化にあたり、西尾口駅を含む西尾駅から北側1.3kmの高架橋は複線構造で施工され、2008(平成20)年6月14日に西尾口駅南までの約0.6kmが複線化されている。

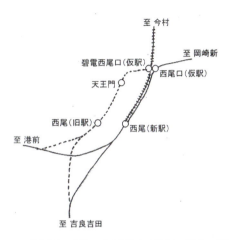

西尾駅付近の線路の変遷概要図(作図：藤井　建)

西尾駅を発車する複電圧車の3600系。駅ビルが建てられる前は2面2線のホームがあり、駅東には車庫もあるなど広い構内を有していた。
1957.11　Si

駅東側にあった西尾車庫。1928(昭和3)年に(旧)西尾線の電化・改軌と碧海電鉄線(現・西尾線)の600V化にあわせて開設され、西尾・蒲郡線等の600V車両の検査を行ったが、1960(昭和35)年3月の西尾線1500V昇圧にあわせて廃止された。
1960.2.28　In

西尾駅の南を走るク2060形2065＋モ1020形。左の路線は平坂支線。
1958.9.21　Hi

1967（昭和42）年4月から西尾・蒲郡線でパノラマカーの運行が始まり、西尾でも発車式が行われた。
1967.4.10　Si

ホームが1面2線に縮小された西尾駅。この後、駅ビル建設が始まる。
1973頃

駅ビル化後の西尾駅とバスターミナル。ホームは1面2線で、この線形のまま、1989（平成元）年に高架化された。
1975.6.7

コラム 西尾車庫に保管されていた旧N電

　現在、明治村で京都市電として走っているのは京都市交通局の狭軌1形車両で、1910(明治43)年～1911(明治44)年に梅鉢鉄工所で製造されている。1895(明治28)年2月1日に日本最初の路面電車を開業した京都電気鉄道(京電)の車両で、1918(大正7)年の市による買収で京都市に引き継がれた。軌間は1067mmで、1912(明治45)年6月に開業した京都市の路線が1435mmで建設され、1918(大正7)年に京電を買収したことから、京都市電の広軌1形と区分するため、1955(昭和30)年の改番まで車体番号に狭軌＝Narrow Gaugeを示すNを付けていた。このため、N電と呼ばれた。

　最後の運行路線は京都駅前から北野への堀川線で、1961(昭和36)年8月1日に廃止になった。当時、明治村の構想のあった名鉄では8(旧番N58)と15(旧番N115)の2両を購入。トレーラーで輸送して、昇圧により使用されていなかった西尾車庫に保管された。その後、岐阜工場で整備を行い、1967(昭和42)年3月18日から村内で営業運転が開始された。

車体番号の前にNを付けていたことから、N電と呼ばれた京都市電堀川線の狭軌1形車両。1953頃　Sk

西尾車庫で保管中の8。左側の車両は、元愛電附2形のク2000形。1963.3.17　Si

路線廃止後、トレーラーで西尾に向けて輸送中のN電15。1961.9　Si

■平坂支線（西尾～港前間）

　平坂は江戸期の西尾藩時代に江戸回船を多数擁して矢作川水運と江戸海運の合流点となり、三河五箇所湊の筆頭として栄えた港町で、三河釜など三州鋳物の燃料の搬入、製品の搬出で繁栄していた。岡崎新と西尾を結んだ西尾鉄道は、海運との連携を図って平坂港に向けて路線を延伸し、1914（大正3）年10月30日に平坂線西尾～港前（みなとさき）間3.9kmが開通し、さらに港前から平坂臨港までの貨物専用線0.1kmも設けていた。中間には羽塚、平坂という2つの駅があった。1916（大正5）年10月5日に平坂臨港は港前の構内として統合されている。1926（大正15）年9月1日には三河鉄道が大浜港～神谷（後の松木島）間を開業するが、競合路線ゆえに平坂の東にある立体交差地点には駅は設けられなかった。

　西尾鉄道は1926（大正15）年12月1日に愛知電気鉄道に合併し、1928（昭和3）年10月1日に平坂線の起点である西尾駅の位置変更（これに伴い路線長が4.5kmとなった）、軌間を1067mmに改軌するとともに電化をしている。1929（昭和4）年2月7日には西尾～羽塚間に住崎が新設された。名古屋鉄道に変わった1941（昭和16）年2月10日には、平坂が平坂口、港前が平坂に改称されている。戦時下の1944（昭和19）年の碧海電鉄合併により路線名は碧西線となり、羽塚が休止された。

　戦後になり、1948（昭和23）年5月の路線名改称で碧西線は西尾線と改称され、その平坂支線となった。1949（昭和24）年12月1日には平坂が再び港前に改称され、読み方は「みなとまえ」となった。休止されていた羽塚も1952（昭和27）年10月1日に再開されている。運行は朝夕が30分間隔、昼間帯は1時間間隔で、元岡崎電気軌道の200形であるモ460形461や碧海電鉄で二代目のデハ100形となった元愛電の電3形であるモ1000形が使用された。

　1960（昭和35）年3月27日に西尾線が1500Vに昇圧されるのに対し、平坂支線は600Vのままで昇圧されず、西尾車庫もなくなったことから、バス化により廃止された。

住崎駅　平坂支線開業時ではなく1929（昭和4）年2月7日に開業している。
1958　Si

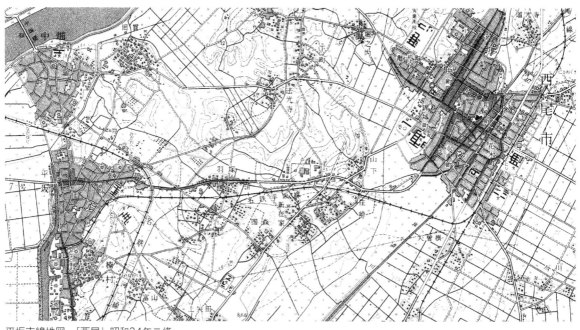

平坂支線地図　「西尾」昭和34年二修

羽塚駅　路線開業時の1914（大正3）年10月30日に開設され、1944（昭和19）年に休止され、1952（昭和27）年10月1日に再開された。1960.2.28　In

平坂口駅　路線開業時の1914（大正3）年10月30日に平坂として開設され、1941（昭和16）年2月10日に「平坂口」に改称されている。平坂の街の中心にはこちらの方が近く、三河線の三河平坂には400mほどの距離だった。1960.2.28　In

羽塚～平坂口間で三河線をくぐる。建設時、西尾鉄道と三河鉄道は競争関係にあったことから、交差地点に駅は設けられなかった。車両は元・旧名古屋鉄道のモ600形。
1958.8　Si

住崎付近を走るモ460形461。1958　Si

三河線と平坂支線の交差地点を走る平坂支線のモ600形607と登場間もない頃の3700系3716編成。（合成）
三河線は三河平坂～三河楠、平坂支線は羽塚～平坂口間である。1958.8　Si

第1章 西尾・蒲郡線　53

港前に停まるモ460形461。モ460形は岡崎電気軌道の1924（大正13）年の井田〜大樹寺〜門立間の鉄道線開業に備え2両が製造された200形で、市内線と鉄道線区間を直通で運転された。モ201は1938（昭和13）年に電装を解かれて付随車のサハフ45となり、モ202は1941（昭和16）年の名鉄合併によりモ460形461となった。1958.9.21　Hi

港前に到着するモ600形607。旧名古屋鉄道が1925（大正14）年に製造した1500形で、名電スタイルを踏襲する車体長14.9mの木造車。三河地区の600V線区における旧名古屋鉄道の600V車の運行は珍しい。1958.8　Si

港前の貨物ホームに停車するモ1000形1004。海運との連携を図って路線が建設された西尾鉄道平坂線では、終点港前（みなとさき）から0.1km港寄りに平成臨港という貨物駅を設けていたが、1916（大正5）年10月5日に港前構内に統合されている。貨物扱いはそのまま残されたことから、港前終点には何本もの側線があった。1955.11　Si

港前駅駅舎。1960.2.28　In

福地駅

　1915（大正4）年2月13日に吉田港に向けて建設された西尾鉄道の西尾～一色口間延長に伴い、一色町の入り口にあたることから、一色口として開業。1928（昭和3）年10月1日の西尾駅移転に際し、路線付け替えで現在地に移転している。戦時下に糞尿輸送が行われ、その貯留槽の遺構が駅南側に残っている。1949（昭和24）年3月1日に駅名が福地に改称された。

　2面2線の行き違い駅で、1962（昭和37）年までは貨物営業が行われていた。1967（昭和42）年2月16日に無人化されている。2008（平成20）年6月に駅集中管理システムが導入されている。

福地駅駅舎。1966.11.6　Kr

福地駅南にある戦時下に糞尿輸送が行われた貯留槽の遺構。2024.7.29　Ha

福地駅で行き違う三ヶ根号の名称を付けた複電圧車の3600系モ3601-ク2601とモ1031+ク2069。
1959　Si

鎌谷駅（廃止）

　吉田港に向けて建設された西尾鉄道の一色口～横須賀口間延長に伴い、矢作古川の橋梁建設のため、1915（大正4）年3月14日に横須賀口（仮）駅として開業。同駅は橋梁完成に伴い、同年8月5日の吉良吉田延伸にあわせて廃止されている。

　1928（昭和3）年10月1日の改軌・電化にあわせに、建設資金や周辺工事を地元が負担して近接地に鎌谷駅が開設された。その後、1944（昭和19）年に休止となり、1952（昭和27）年10月1日に再開されている。駅集中管理システムの導入にあたり利用者数が少ないため、2006（平成18）年12月16日に廃止された。

鎌谷駅の駅名標。2006.12.14　Ha

廃止直前の鎌谷駅に到着する6000系ワンマン車。蒲郡線のワンマン化に伴い、1998（平成10）年6月1日から2005（平成17）年1月28日まで、6000系ワンマン改造車が西尾〜蒲郡間で運行された。2006.12.14　Ha

鎌谷に停車するモ204＋ク2066＋モ1031＋ク2069の4連。朝夕のラッシュ時間には、2編成を連結して運転された。
1958.3　Si

鎌谷付近を走るモ1004＋ク2067。モ1000形は1921（大正10）年に製造された元愛知電鉄の電3形で、1928（昭和3）年の碧海電鉄の600V降圧に伴い碧海電鉄デハ100形と車両交換で碧海電鉄西尾線に移り2代目デハ100形（100〜103）になった車両である。
1956　Si

鎌谷付近を走るク2066＋モ204＋ク2069＋モ1031の4連。朝夕のラッシュ時間には、2編成を連結して4連で運転された。
1959　Si

矢作古川の鉄橋をわたり、名古屋に向かう座席指定特急。蒲郡行は「三河湾」の名称だったが、戻りは「名古屋」「岐阜」等、行き先が名称となっていた。1981.5.30　Ha

同地点を走るモ202＋ク2065＋モ1001＋ク2067の4連。1956.2　Si

矢作古川の鉄橋にかかるモ3601－ク2601＋7300系2連の蒲郡行急行。1981.5.30　Ha

同地点を走るデキ360形361牽引の貨物列車。この頃、西尾線の貨物列車は今村あるいは南安城起点で、三河吉田と西尾に2往復ずつ設定されており、貨物扱い駅は南安城、碧海桜井、米津、西尾、福地、上横須賀、三河荻原、吉良吉田だった。1960.3　Si

矢作古川の鉄橋を渡るモ202＋ク2068。モ200形は1923（大正12）年製の元尾西鉄道デホ200形、ク2060形は1931（昭和6）年に元名岐鉄道の大曽根線（現・小牧線）用に製造されたガソリンカーのキボ50形。この橋梁は堤防の嵩上げにより、1964（昭和39）年6月25日に架け替えられた。1960.2　Si

矢作古川の鉄橋を渡る8800系パノラマDX（デラックス）。西尾線では座席を改装した1992（平成4）年11月24日から2005（平成17）年1月28日まで運行され、車両の廃車と同時に昼間時間帯の西尾〜吉良吉田間の特急運行も廃止された。1996.4.6　Ha

パノラマカーの引退が迫り、2008（平成20）年8月9日に久々に「三河湾」の名称を掲げて運転された7000系7011編成が矢作古川の鉄橋を渡る。7011編成は、この後、同年10月に白帯が復活し、定期運用終了後もイベント列車等に使用され、2009（平成21）年8月30日のパノラマカー最終列車にも使用された。
鎌谷〜上横須賀　Ha

上横須賀駅

　1915（大正4）年8月5日の西尾鉄道横須賀口〜吉良吉田間延伸に伴い開業。2面2線の行き違い駅で、1964（昭和39）年7月1日までは貨物を取り扱っていた。1988（昭和63）年9月1日に無人化。2008（平成20）年6月に駅集中管理システムが導入され、それにあわせて1959（昭和34）年6月に新築された駅舎が建て替えられている。

上横須賀駅駅舎。1981.5.30　Ha

三河荻原駅（廃止）

　1915（大正4）年8月5日の西尾鉄道横須賀口〜吉良吉田間延伸に伴い荻原駅として開業。1925（大正14）年頃に三河荻原に改称されている。1960（昭和35）年まで貨物営業が行われており、当時は行き違い設備や開業時に新築された駅舎があった。その後、1面1線となり、1967（昭和42）年9月10日の無人化され、駅舎も撤去された。駅集中管理システムの導入にあたり利用者数が少ないため、2006（平成18）年12月16日に廃止された。

無人化直前の三河荻原駅。1966.6.10　Kr

三河荻原駅の駅名標。2006.12.14　Ha

廃止直前の三河荻原駅。かつては貨物扱いも行っていたが、駅廃止の頃にはホームが1面1線だけの駅となっていた。
2006.12.14　Ha

吉良吉田駅

　1915（大正4）年8月5日の西尾鉄道横須賀口〜吉良吉田間延伸に伴い、現在地の北300mの位置に吉良吉田として開業。1916（大正5）年2月12日に貨物線が吉田港まで延伸されたが、1928（昭和3）年10月1日の改軌・電化時に吉良吉田の構内側線となって統合され、路線としては廃止されている。同1928（昭和3）年8月25日には、三河鉄道の神谷（後の松木島）〜三河吉田間延伸に伴い現在地の東100mの位置に三河吉田が開業した。同駅は1936（昭和11）年7月24日の三河鳥羽〜三河鹿島間の延伸にあたり、非電化区間を運行するガソリンカーとの乗換のため、西300mの位置に移転している。

　1941（昭和16）年6月1日に三河鉄道を合併すると、約300m離れていた三河線の三河吉田と（旧）西尾線（吉田線）の吉良吉田駅の統合が図られ、1943（昭和18）年2月1日に三河吉田駅を蒲郡方向に200m移転するとともに、（旧）西尾線を200m延伸して三河線と

吉良吉田駅駅舎。1983.2.26　Ha

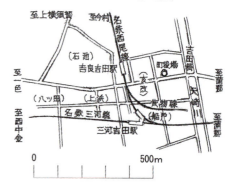

吉良吉田駅の変遷　作図：澤田幸雄

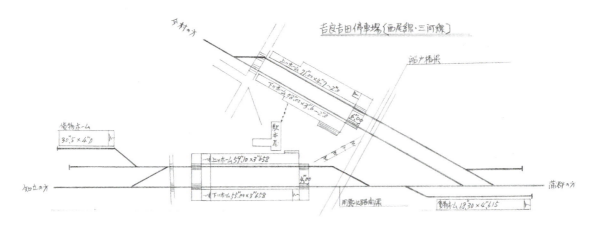

1967（昭和42）年の吉良吉田駅構内配線図

の連絡が完成し、駅名は三河吉田となった。路線接続の目的は、明治村(安城)や桝塚(岡崎・豊田)の海軍飛行場建設のため、東幡豆で産出される幡豆石と呼ばれる花崗岩を、米津、宇頭へ輸送するためだった。同時に三河線三河吉田～三河鳥羽間の架線電圧を西尾線にあわせて600Vに降圧し、1943(昭和18)年2月1日に(旧)西尾線からの直通運転を開始した。当初、三河吉田の(旧)西尾線は1線1面だったが、ほどなく行違い設備が設けられている。駅舎は駅統合にあわせて新築されたが、1984(昭和59)年5月に漏電で一部焼失したことから、同年9月1日に改築されている。

1960(昭和35)年11月1日、所在地の吉田町と横須賀村が合併し、吉良町となったことから駅名を吉良吉田と改称。1969(昭和44)年7月6日に貨物営業が廃止されている。

2004(平成16)年4月1日にLEカーで運転されていた三河線吉良吉田～碧南間16.4kmが廃止された。2008(平成20)年6月29日の当駅へのトランパス導入と西尾線全線に駅集中管理システムが導入されたことを機に、西尾線と蒲郡線の直通運転が完全に廃止され、ワンマン運転区間を吉良吉田～蒲郡間に短縮して、蒲郡線乗換改札を設けている。これに伴い、蒲郡線乗り場を旧三河線ホームの2番線に変更している。

西尾線昇圧直前の吉良吉田駅。右側の蒲郡行の複電圧車3600系が到着するのが西尾用の3,4番線。左側が三河線用の1,2番線。
1960.2.28 In

昇圧直後の西尾線ホームに停まる形原行3600系の特急と元三河鉄道のデ300形だったモ3000形。1500V昇圧により、昭和初期に製造された半鋼製車が普通電車で運行されるようになった。
1960.5 Si

蒲郡方向から吉良吉田に到着する5000系の「三河湾号」。
1965.6 Si

1964(昭和39)年9月14日から休日運転の観光特急だった「さんがね号」が「三河湾号」と名称を変えて毎日運転となり、2往復が運転された。車両も冷房車の5500系を始め、SR車が運用された。
1964.9　Si

5300系の急行佐屋行。1998(平成10)年6月1日からの西尾以南ワンマン運転により吉良吉田からの本線直通急行はなくなったが、2008(平成20)年6月29日からのワンマン運転区間短縮で、直通急行が復活した。
2009.1.23　Ha

2008(平成20)年6月29日から西尾線と蒲郡線の直通運転は完全に廃止され、蒲郡線乗換改札の設置で蒲郡線乗り場は旧三河線ホームの2番線に変更された。
2008.7.19　Ha

吉良吉田駅すぐ東側の矢崎川を渡るモ1002＋ク2065＋モ1022の3連。1958.8　Si

漁船が並ぶ矢崎川を渡る6000系ワンマン車2連。2008.7.19　Ha

田植え時期で水が張られた水田地帯を走る7000系。吉良吉田〜三河鳥羽　1981.6.7

第1章 西尾・蒲郡線 65

三河鳥羽駅

　1929(昭和4)年8月11日に三河鉄道の蒲郡延伸線として三河吉田～三河鳥羽間開通に伴い開業。開業時から電化されている。蒲郡への延伸は三河鉄道の経営悪化で、一旦、中断されるが、1936(昭和11)年7月24日に三河鹿島まで非電化で延伸され、ガソリンカーとの乗換駅となった。

　三河鉄道の名古屋鉄道との合併により1943(昭和18)年2月1日に三河吉田～三河鳥羽間は600Vに降圧され、(旧)西尾線と直通運転が行われた。1948(昭和23)年5月の全線にわたる路線名の見直しで、線名が三河線から蒲郡線に変更されている。2面2線の相対式ホームを持つ行き違い可能駅だが、1967(昭和42)年2月16日に無人化されている。

　なお、吉良吉田とのほぼ中間地点に宮崎口駅があったが、1944(昭和19)年に休止され、1970(昭和45)年10月5日に正式に廃止されている。

三河鳥羽駅駅舎。1966.6.10　Kr

　　2022(令和4)年3月19日から蒲郡線ワンマン車のレトロ塗装への復刻が始まり、2024(令和6)年7月6日には4組成が復刻塗装となった。ストロークリームに赤帯の復刻塗装編成が、かつての優等列車の塗色だったサーモンピンクとマルーン塗装の6000系と行き違う。
　　2024.7.31　Ha

三河鳥羽で行き違う5500系の快速特急と3800系。普通　1966.6.10　Kr

三河鳥羽で行き違う7000系特急改装車（白帯車）運行2日目の特急「三河湾」号と7000系の名古屋行特急。この時から特急の行き先板の地色が黄色から緑に変更された。1982.3.22　Ha

西幡豆駅

　1936（昭和11）年7月24日に三河鉄道の三河鳥羽〜三河鹿島間開通に伴い開業。当初は非電化でガソリンカーが運行されていたが、戦後の石炭不足に対応するため、地元の協力を得て1946（昭和21）年10月31日に三河鳥羽〜東幡豆間が架線電圧600Vで電化されている。

　島式ホーム1面2線の行違い駅で、吉良吉田側に構内踏切があることから右側通行となっている。1964（昭和39）年度に貨物営業が廃止となり、1998（平成10）年6月1日から西尾〜蒲郡間ワンマン運転開始に伴い、無人化された。駅集中管理システムは導入されていない。開業時に建築された駅舎はその後も残っていたが、2021（令和3）年10月に取り壊されている。

西幡豆駅駅舎。
1967.4.1　Kr

東幡豆駅

　1936(昭和11)年7月24日に三河鉄道の三河鳥羽～三河鹿島間開通に伴い開業。西幡豆駅同様、1946(昭和21)年から翌1947(昭和22)年に架線電圧600Vで電化された。

　1957(昭和32)年5月に幡豆町(現・西尾市)の東幡豆沖にある沖島にニホンザルを放飼して愛称を「猿が島」とし、翌1958(昭和33)年9月には前島を「うさぎ島」として開苑すると、両島をめぐる観光船は東幡豆から運航されたことから、三河湾観光の拠点駅のひとつとなった。しかし、レジャーの多様化による来島者の減少で1997(平成9)年11月30日に閉園となった。

　島式ホーム1面2線の行違い駅で、西幡豆駅同様、構内踏切があることから右側通行となっている。1953(昭和28)年9月1日以降、有人化され、1998(平成10)年6月1日から西尾～蒲郡間ワンマン運転開始に伴い、無人化された。駅集中管理システムは導入されていない。開業時に建築された駅舎は無人化後も残っていたが、2021(令和3)年10月に取り壊されている。

東幡豆駅駅舎。1967.4.1　Kr

600V時代の東幡豆で行違うモ200形203とモ1000形1003。この頃の駅構内は左側通行だった。
1959.7　Si

1500V昇圧後の東幡豆で行違うHL車の3700系と元愛電附3形だったモ3200形3210
1960.2　Si

パノラマカーによる「三河湾」号の運転が始まり、観光路線化した昭和40年代の東幡豆駅の行違い。この頃には右側通行に変わっている。左の岐阜行特急は3850系。1967.5　Si

特急が座席指定化された昭和50年代の東幡豆駅。7000系の岐阜行特急が5000系の蒲郡行急行と行違う。1978.12.19　Si

三河湾を望んで東幡豆から西幡豆に向かう3700系。
1960.5　Si

同地点を走る新岐阜行特急。山上には1974（昭和49）年に開園した愛知こどもの国が遠望できる。
1980.1.26　Ha

「うさぎ島」と呼ばれた前島を望んで走る7000系特急改装車（白帯車）。美しい三河湾の眺めが車窓に広がる。
1983.6.23　Ha

第1章 西尾・蒲郡線

三ヶ根山から蒲郡線を望む。遙かに渥美半島が遠望できる。2011.4.17　Ha

三ヶ根山とグリーンホテル三ヶ根（現・三河湾ヒルズ・ホテル）を望んで走るAL車4連の森上行急行。
モ3557-ク2557＋モ3831-ク2831　1981.12.7　Ha

うさぎのシルエットに「こどもの国」と書かれたイラスト板を掲げて西浦に向かう、休日の臨時急行「こどもの国」。この頃、蒲郡線で運用される唯一の6000系使用列車だった。1981.5.10　Ha

こどもの国（旧・洲崎）駅

　1936（昭和11）年7月24日に三河鉄道の三河鳥羽～三河鹿島間開通に伴い開業。最初の駅は現駅から200m東幡豆寄りにあった。1944（昭和19）年に休止され、1952（昭和27）年10月1日にさらに200m東幡豆寄りに駅を移して復活した。

　1974（昭和49）年10月28日に県政100年を記念して児童総合遊園地「愛知こどもの国」がオープンしたことから、0.4km蒲郡方の現在の「こどもの国」駅の位置に移設し、線路も嵩上げされた。駅名は1976（昭和51）年10月10日に「こどもの国」に改称されている。

　6両編成対応の1面1線の高架駅で、無人駅であるが、駅集中管理システムは導入されていない。かつては三角屋根の駅舎があったが、現在は撤去されている。

移転前の洲崎駅に停車する3600系複電圧車の三ヶ根号。名古屋本線に直通する観光列車だったが、蒲郡線内は各駅に停車して運転されていた。
1959.7　Si

三河湾や遙かに渥美半島を望む洲崎に到着する蒲郡線列車。ク2291＋モ202＋モ204＋モ1002　1958.7　Si

洲崎に到着するモ200＋ク2290形の2連。
1958.8　Si

元洲崎駅のあたりを走る7000系パノラマカー。この場所の写真は、1975（昭和50）年頃の沿線案内図に使用された。
1978.12.19　Ha

こどもの国～東幡豆間を走る3550系ク2551-モ3551のAL車2連の急行。名古屋本線内も2連で走り、津島線から尾西線森上まで運転された。
1978.12.19　Ha

三角屋根の駅舎があった頃のこどもの国駅。
1978.12.19　Ha

愛知こどもの国から眺めたこどもの国駅。
1981.1.29　Ha

こどもの国駅を出発する7000系パノラマカー。洲崎港を経て、対岸には西浦温泉のある西浦半島がのびる。
1981.1.29　Ha

現在のこどもの国駅設置場所付近を走る7000系。
1967.4　Si

現在のこどもの国駅設置場所を走るモ1002ほかの蒲郡線混合列車。1974（昭和49）年10月28日に洲崎は現在のこどもの国の駅の位置に移転され、その折に線路もかさ上げされている。
1959.7　Si

ほぼ同地点を走るク2653-モ3501。ク2653は元知多鉄道のク950形で、モ3500形と同時期の1942（昭和17）年に製造された。線路はこどもの国の駅設置に伴い、築堤の嵩上げがされている。
1978.12.19　Ha

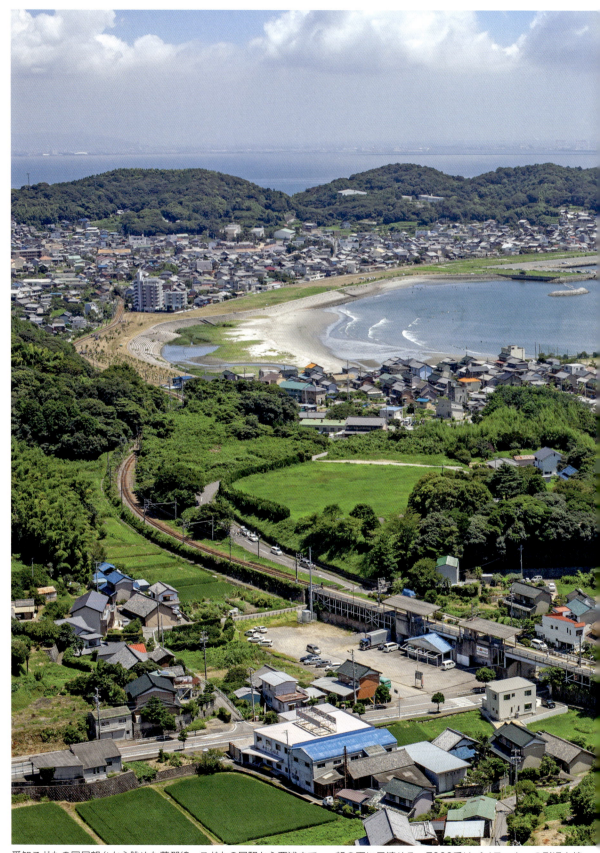

愛知こどもの国展望台から眺めた蒲郡線。こどもの国駅から西浦まで、一望の下に見渡せる。7000系はパノラマカーの引退を控え、「ありがとうパノラマカー」イベントとして蒲郡線での最終運行。2009.8.8　Ha

第1章 西尾・蒲郡線　79

蒲郡線は西浦の南から現在のこどもの国駅にかけて、短い区間であるが西浦海岸の海沿いに走る。モ1002＋モ1003＋ク2060形の3連が洲崎に向けて登っていく。
1958.8.3　Si

同地点を走る5500系2連。
1967.4　Si

西浦海岸の海沿いの区間をこどもの国から遠望する。車両は蒲郡急行の3800系4連。
1981.1.29　Ha

西浦海岸の海岸沿いに走るモ1003＋モ1031＋モ1004＋ク2067の元愛電・電3形と電4形を3両連ねた普通列車。
1958.8.3　Si

同地点を走る5500系の蒲郡急行。西浦海岸は埋め立ての前で、ウィンドサーフィンの練習場となっていた。
1987.8.17　Ha

第1章 西尾・蒲郡線　81

西浦海岸の堤防沿いに西浦に向かう特急「三河湾」号。現在、堤防の海側は埋め立てられている。
1980.12.7　Ha

西浦を出発して西浦海岸を走る7300系。7300系はAL車の制御・駆動装置を流用し、パノラマカーと同じ車体を載せた車体更新車で、支線区の特急用に1971（昭和46）年に30両が製造された。海辺では海水浴が真っ盛り。
1987.8.17　Ha

西浦海岸の堤防沿いに名古屋方面に向かう特急「岐阜」。蒲郡行が「三河湾」表示だったのに対して、名古屋方面は行き先が名称となった。
1980.12.7　Ha

西浦駅

　1936（昭和11）年7月24日に三河鉄道の三河鳥羽～三河鹿島間開通に伴い開業。開業時は非電化で、ガソリンカーや蒸気機関車の車庫が設けられていた。1963（昭和38）年度までは貨物営業がおこなわれていた。

　1面2線の島式ホームをもつ行違い駅であったが、1998（平成10）年6月1日からの西尾～蒲郡間ワンマン運転開始に伴い、無人化された。2022（令和4）年12月に開業時に新築された駅舎が解体され、2024（令和6）年に跡地に蒲郡市により待合所が設けられた。

西浦駅駅舎。2009.8.8　Ha

西浦で行違うモ1000形1001と複電圧車の3600系。3600系は「いでゆ号」として名古屋から直通運転が開始された直後である。
1955.12　Si

蒲郡線の貨物は、電車が貨車を引く混合列車として運行されていた。モ1000形の普通列車が西浦で行き違う。
1955.12　Si

1960（昭和35）年3月27日の西尾線昇圧により、車両は600Vの木造車から1500Vの半鋼製車に変わり、3600系は形原行特急として、名古屋本線と結んで運行が行われた。1960.3.27　Si

蒲郡行急行に運用されている3400系と普通列車の850系。東西の流線型名車が西浦で行き違う。
1981.12.7　Ha

形原駅

形原駅駅舎。1972頃

　1936(昭和11)年7月24日に三河鉄道の三河鳥羽〜三河鹿島間開通に伴い、現在より0.1km吉良吉田寄りに仮開業。同年9月2日に現在地に移転し、正式に開業した。1947(昭和22)年4月23日に架線電圧600Vで電化されている。1966(昭和41)年度までは貨物営業が行われていた。形原温泉の下車駅であり、1957(昭和32)年11月21日に温泉脇から三ヶ根山山頂を結ぶ三ヶ根山ロープウェイが開通すると三河湾観光の拠点のひとつとなったが、ロープウェイは1976(昭和51)年11月6日に廃止されている。

　1960(昭和35)年3月にホームが増設され、2面2線の相対式ホームをもつ行違い駅となったが、両端に道路があって有効長が短く、2両編成までしか対応できない。旧駅舎は1950(昭和25)年8月に蒲郡駐在所を譲り受けた建物だったが、1987(昭和62)年8月27日に火災で焼失し、翌1988(昭和63)年9月1日に新駅舎が供用を開始し、同時に無人化されている。

三河鹿島駅

　1936(昭和11)年7月24日に三河鉄道の三河鳥羽〜三河鹿島間開通に伴い開業。蒲郡へは同年11月10日に延伸されている。1947(昭和22)年4月23日に架線電圧600Vで電化された。

　島式ホームで行違い設備が設けられていたが、1961(昭和36)年11月29日に撤去され、現在は2両編成対応の1面1線の構造である。1965(昭和40)年6月16日に無人化され、開通時に設けられた駅舎も撤去された。1960年代中頃に特急運行が中心となると、昼間帯は通過扱いになり、普通列車は2時間に1本停車するだけとなった。

三河鹿島駅駅舎。1967.4.1　Kr

行違い設備があった三河鹿島に停車する3600系「三河湾号」。行き違い設備は1961(昭和36)年11月29日に撤去された。
1959.7　Si

行違い設備があった頃の三河鹿島に到着する今村行のモ1000形＋ク2060形。モ1000形は1921（大正10）年に製造された元愛知電鉄の電3形で、1928（昭和3）年の碧海電鉄の600V降圧に伴い碧海電鉄デハ100形と車両交換で碧海電鉄西尾線に移り2代目デハ100形（100～103）になった車両である。
1958.9.21　Hi

電車が貨車を牽く混合列車として運転されていた蒲郡線のク2066＋モ1002＋貨車の普通列車。混合列車は1往復の運転で、名鉄の社有貨車1両を連結し、小口貨物のみを扱っていた。
三河鹿島～拾石
1959.4　Si

三河鹿島～形原間を走るモ1022＋ク2060形。モ1020形は1921（大正10）年に6両が製造された元愛電電3形で、郵便室を設けてデハユ→モユとなった2両に付けられた形式である。
1959.7.4　In

蒲郡競艇場前（旧・拾石・塩津）駅

　1955（昭和30）年7月に開設された蒲郡競艇場の最寄り駅として、捨石（ひろいし）と塩津を統合し、1968（昭和43）年10月1日に蒲郡競艇場前として誕生した。15文字の駅名は、当時、日本で一番長いと話題になった。

　この近辺には、1936（昭和11）年11月10日の三河鉄道三河鹿島～蒲郡間の開業に伴い当駅西0.4kmの位置に島式ホームで行違い設備のある拾石駅、開通より少し遅れて1937（昭和12）年3月9日に当駅東0.4kmの位置に竹谷駅、同年5月11日に当駅東0.9kmの位置に江畑駅が開業したが、竹谷と江畑は1944（昭和19）年に休止となり、1953（昭和28）年1月1日の復活にあたり両駅を統合し、当駅東0.5kmの位置に塩津駅が開設されている。1960年代中頃に特急運行が中心となると、昼間帯に塩津駅は通過扱いになり、普通列車が2時間に1本停車するだけとなった。

　1面1線の無人駅で、1988（昭和63）年9月17日には併走する東海道本線に三河塩津駅が開設されるのにあわせてホームを吉良吉田駅側に0.1km移設するとともに、JR駅と共用の跨線橋が設けられている。

拾石駅駅舎。1967.4.1　Kr

拾石に到着するモ200形203。島式ホーム1面2線で行違い設備のある駅だった。1957.7　Si

塩津駅。駅は現在の蒲郡競艇場前駅から東へ500mの現在の国道247号の跨線橋下あたりにあった。
1967.1.16　Kr

拾石に到着するモ200形203ほか。手前の線路は東海道本線。1958.3　Si

1968(昭和43)年10月1日に拾石と塩津を統合して開業した時には、ホームは現在よりやや東にあった。1968.10　Kr

移転直後の蒲郡競艇場前に到着するク2651-モ3651の今村行普通列車。1968.11　Si

駅名改称に伴い15文字となった蒲郡競艇場前。
1968.10　Kr

拾石川の鉄橋を渡るモ1021＋ク2060形。
1959.7　Si

現在の拾石川。堤防には桜が植えられて、花見の名所になっている。2022.4.4　Ha

蒲郡駅

　1936（昭和11）年11月10日に三河鉄道により開業。当初は非電化であったが、1947（昭和22）年4月23日に架線電圧600Vで電化されている。

　駅舎は南側に設けられ、ホームは2両編成対応の島式1面2線で、国鉄蒲郡駅とは跨線橋で連絡しており、このため1971（昭和46）年9月9日まで駅業務は国鉄に全面委託されていた。高架化工事に伴い、1971（昭和46）年9月10日から仮駅に移設され、1972（昭和47）年4月1日に蒲郡駅付近0.5kmが高架化され、同年12月6日にはバスターミナルを含めた駅ビルが完成している。

　東海道本線の蒲郡駅前後と名鉄線の蒲郡競艇場前～蒲郡間2.3kmの高架化がおこなわれることになり、1998（平成10）年10月31日から工事のため、旧東海道本線下り線を仮線とし、蒲郡駅のホームを借りて運行がおこなわれた。名鉄線部分の高架化は2000（平成12）年11月11日に完成し、ホームもリニューアルされた。東海道本線の高架化は下り線が2003（平成15）年4月14日、上り線が2005（平成17）年12月18日に行われ、新駅舎が完成したことから、同年12月26日に蒲郡線との改札が分離された。

蒲郡駅南口駅舎。1972（昭和47）年にバスセンターを含めた駅ビルに建て替えられた。1967.4.1　Kr

蒲郡駅南口。駅業務は国鉄に委託されていた。
1959.7.4　In

1972（昭和47）年4月1日に駅部分が高架化された蒲郡駅。5200系の御嵩行特急が停車している。
1972頃

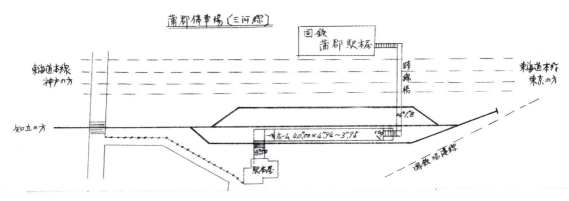

1967（昭和42）年の蒲郡駅構内配線図

蒲郡駅に停車するモ200形。島式のホームは40mしかなく、旧型車の3両編成が停まるのがやっとだった。
1958.8　Si

国鉄と競い合った案内看板。30分間隔で特急を運転していた。
1968.8　Si

1964（昭和39）年9月から毎日運転となった観光列車の三河湾号。5500系などSR車により運転された。国鉄駅には跨線橋で連絡した。
1965.7　Si

蒲郡駅はホームが40mしかないため、4両組成の7000系などはホームからはみ出して停車した。
1969　Ko

第2章

三河線

【吉良吉田〜碧南〜知立〜豊田市 〜猿投〜西中金間　64.8km】

　三河線は1941（昭和16）年に名古屋鉄道に合併された三河鉄道により、蒲郡〜西中金間の鉄道として開業した。戦後の路線名改称で蒲郡線を分離したり、閑散区間の吉良吉田〜碧南間や猿投〜西中金間を廃止した結果、現在は碧南〜猿投間39.8kmの路線となっている。名古屋本線に接続する中間の知立を境に乗客の流れが変わることから、碧南〜知立間を「海線」、知立〜猿投間を「山線」と呼ぶこともある。

枝下〜三河広瀬間で矢作川を渡るキハ10形12。この区間は経費削減のため、1985（昭和60）年3月14日にLEカーに置き換えられた後、2004（平成16）年3月31日限りで廃止された。1988.1.17　Ha

三河線小史

現在は碧南〜猿投間の路線となっている三河線は、三河鉄道により蒲郡〜西中金間の鉄道として開業したのが始まりである。三河鉄道では、岡崎電気軌道の合併による岡崎線を加え、93.2kmの鉄道線を運行していた。戦後の路線名改称で、蒲郡〜三河吉田間を蒲郡線、岡崎線を挙母線と改称したことから、本稿では線路名改称までは三河鉄道の全線を扱い、改称後の蒲郡線と挙母線は別項で紹介する。

三河鉄道の開業

1910（明治43）年4月に地方における鉄道の敷設を容易にするため大幅に規制を緩和した軽便鉄道法が公布され、翌1911（明治44）年に開業から5年間の収益を補償する軽便鉄道補助法が施行されると、全国各地に軽便鉄道の設置計画が相次いだ。碧海地方には東海道本線の停車場はあったが南北に縦貫する鉄道はなく、知立はかつての宿場町で碧海郡役所もあったが東海道本線から離れて孤立しており、特産の瓦や土管等の生産地である高浜や大浜（現・碧南市）は、その製品の発送手段に困っていたことから、鉄道敷設への期待が高まっていた。

刈谷町（現・刈谷市）出身の衆議院議員で名古屋の証券業界に勢力のある投資家の三浦逸平は、1910（明

刈谷工場にあった旧甲武鉄道の客車の廃車体。1953（昭和28）年4月に解体された　1953.4　Kr

治43）年11月に才賀電機商会の才賀藤吉と組んで、知立〜大浜（現・碧南）間の軽便鉄道として碧海軽便鉄道の創設を構想した。才賀藤吉は鉄道の建設を目論む地方の資本家に会社設立の助言をすると共に、資

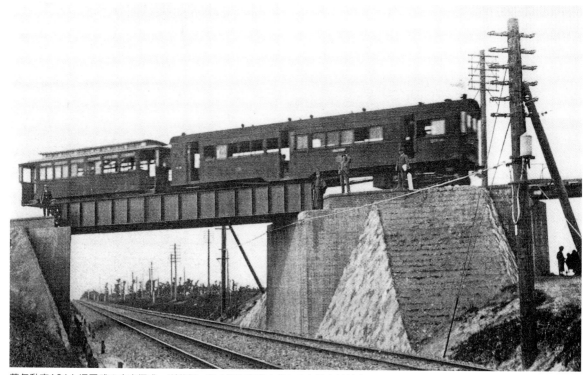

蒸気動車101と旧甲武の客車編成。刈谷新〜知立間東海道本線との立体交差地点。
出典：郷土出版社1989年刊「刈谷・知立いまむかし」

金が不足する場合は出資も行い、さらには工事の請負や技術指導をすることで事業を拡大していた。才賀が関係した鉄道は100社を超すともいわれており、近隣では岐阜の美濃電気軌道、岩村電気軌道などにも関与している。

こうして才賀藤吉はじめ、財界人や地元の名士など碧海郡の有力者31名が発起人となり、資本金35万円で軌間762mmの碧海軽便鉄道として知立から大浜に至る敷設を出願した。翌1911（明治44）年7月18日に鉄道敷設免許を得て出資を募り、1912（明治45）年5月30日に刈谷町（現・刈谷市）正覚寺で設立総会を開き、計画路線を挙母〜蒲郡間に延長し、社名を三河鉄道と改めることを決議し、資本金を増額して50万円としている。

また、知立と挙母町（ころもちょう/現・豊田市）の間は、1911（明治44）年8月に才賀藤吉を中心として沿線有力者による知挙軽便鉄道が免許を受けていた。このため知挙軽便鉄道を合併して1912（大正元）年10月に免許を譲り受けるとともに、同年8月に大浜町〜蒲郡町（現・蒲郡市）間と知立町〜御器所村（現・名古屋市昭和区）間の敷設免許を申請し、1913（大正2）年7月1日に大浜町〜蒲郡町間の免許を得た。（知立町〜御器所村間は不許可）

工事を始めるにあたり、軌間を軽便鉄道として一般的な762mmから東海道本線に直通できる1067mmに変更して1913（大正2）年1月22日に刈谷町で起工式を行い、翌1914（大正3）年2月5日に刈谷新（現・刈谷）〜大浜港（現・碧南）間14.5kmが開通した。駅は刈谷新、刈谷町、小垣江、吉浜、高浜港、北新川、新川町、大浜港の8箇所で、車両は汽車製造の工藤式蒸気動車101と鉄道院から借り入れたB形タンク機170形（元西成鉄道）2両、客車は甲武鉄道（御茶ノ水〜八王子間

三河鉄道路線図　1937（昭和12）年頃

を営業した現在の中央本線の一部)の東京市街線電化用に1904(明治37)年に製造された国電の元祖であるデ963形8両と手荷物合造車のニデ950形2両の10両が電装を解除して入線した。ニデ改造の2両は2等車となった。他に客車は河南鉄道から5両、尾西鉄道から1両、芸備鉄道から4両の計10両を借り入れている。三河鉄道はほとんど中古資材で開業に臨んだといわれており、レールも日露戦争の発生品とされている。しかし、工藤式蒸気動車は非電化線を自走できる現在のディーゼルカーの前身で当時の最新式車両であり、使いこなせたかどうかはともかく、どのような経緯で導入されたのか興味深い。

170形はわずか4ヶ月間の在籍で、同年5月には鉄道開業時の機関車である鉄道院のジョージ・スティーブンソン製のB形タンク機120形(元F形→A4形)120,122の2両の払い下げを受けて交替した。120形は、加悦鉄道の2号機と同型である。さらに1916(大正5)年に鉄道院のナスミスウィルソン製のC形タンク機1100形1104、1109を増備している。

引き続き2期線として1915(大正4)年10月28日に刈谷新〜知立間4.0kmを開業するとともに、水運との連携を図って同年8月17日に新川臨港線新川町〜新川口間0.6km、11月29日に大浜臨港線大浜港〜大浜口間0.4kmの貨物線を開業している。

南北への路線延伸と電化

三河鉄道は、沿線が窯業やその原材料である粘土の産地であることから、貨物輸送を重視しており、貨車を130両も保有していた。2線の貨物線の開業は、水運と東海道本線の連絡が目的だった。また、開業時に設置された駅は構内が広く、貨物積み卸しのホームを設けていた。

しかし、開業当初は業績がなかなかあがらず、社長の死去や役員の総辞職もあって、経営が行き詰まった。そこで社長に懇願したのが、地元松木島(現・西尾市一色町)の出身で東京浅草にある有名なバーの創業者で、国産ワインの普及・発展に貢献し、創立時から取締役であった神谷傳兵衛(初代)であった。神谷傳兵衛は1916(大正5)年4月に社長に就任して経営再建に努め、さらに会社発展のためには、知立から挙母を経て猿投村(猿投町を経て現・豊田市)越戸に至る18kmの鉄道を建設することが急務であるとして、同年11月に臨時株主総会を開き、資本金を増額して建設を進めることにした。第一次世界大戦による経済の発展もあって業績は次第に回復し、1920(大正9)年7月5日に知立〜土橋間10.5km、8月31日に上挙母まで2.8km、11月1日に挙母まで1.8kmが開通。1922(大正11)年1月17日には挙母〜越戸間3.4kmが開通し、当初計画した路線が全通した。反面、蒲郡への路線は着工が後回しとなり、1918(大正7)年9月に免許が失効している。

業績が回復した三河鉄道では、足助線として挙母から足助への路線延長、蒲郡線として大浜港から三河湾沿いに蒲郡までの路線延長、そして路線の電化を計画した。1920(大正9)12月には大浜町〜蒲郡間、翌1921(大正10)年11月には猿投村〜足助町間の鉄道敷設免許を得て、1924(大正13)年2月にはその資金として資本金を一挙に400万円増資して525万円としている。同年10月31日には、越戸〜猿投間2.3kmを延伸した。この間、1922(大正11)年に英ダブス製のA1(1270形/元秩父鉄道←鉄道院1270←七尾鉄道4←関西鉄道)と米ピッツバーグ製のB1(1350形/元高野鉄道1←阪鶴鉄道1)、

米ピッツバーグ製のB1が牽く梅坪〜越戸間の籠川を渡る試運転列車。B1は元阪鶴鉄道1で、高野鉄道を経て入線した。 1922(大正11)年

B4（1350形／元秩父鉄道4←鉄道院1350←阪鶴鉄道2）の3両の蒸気機関車が入線している。三河鉄道では、英国製の機関車にＡ、米国製にＢを付して車号としていた。

1925（大正14）年8月に電化工事に着手し、刈谷、猿投に変電所を設け、翌1926（大正15）年2月5日に大浜港～猿投間の全線40.1kmが1500Vの架線電圧で電化された。車両は車体長15mの木造車で「めおと電車」と呼ばれた全クロスシートのデ100形（後のモ1080形）6両（101～106）を新造し、刈谷～大浜港間の運転を12往復から20往復、刈谷～猿投間を9往復から18往復に増発した。同年中にデ100形を2両（107,108）、制御車のク50形制御車（後のク2150形）4両、電気機関車キ10形2両（10,11／後のデキ300形301,302）を新造している。電化直後の1926（大正15）年11月には、電気鉄道の専門家として電力会社とも密接な関係がある伊那電気鉄道社長の伊原五郎兵衛を専務として迎え入れている。これもあって、1928（昭和3）年には伊那電気鉄道の木造車デハ110を購入し、デ200形（後のモ1100形）としている。しかし、三河鉄道にとって電化の負担は大きく、収益を圧迫することになる。

蒲郡への延伸は1923（大正12）年に発生した関東大震災による経済変動で一時頓挫したものの、1925（大正14）年2月に大浜小学校で起工式を行い、大浜港～寺津間で着工した。途中、延長423.9mの矢作川橋梁や西尾鉄道平坂線との立体交差を設け、1926（大正15）年9月1日に大浜港～神谷（後の松木島）間13.7km、1928（昭和3）年8月25日には三河吉田まで2.8kmを延伸し、西尾鉄道（後の西尾線）の吉良吉田から伸びていた貨物線の吉田港の南に仮駅が設けられた。さらに1929（昭和4）年8月11日に三河吉田～三河鳥羽間3.2kmが延伸されるが、同年の金融恐慌の影響や借入金の負担などで経営が厳しくなったことを受け、蒲郡への延伸は中断する。

足助への路線延伸は、1927（昭和2）年8

全線電化にあわせ導入した全クロスシートの「めおと電車」車内

月26日に猿投～枝下間4.4km、9月17日に枝下～三河広瀬間1.4km、翌1928（昭和3）年1月22日に三河広瀬～西中金間2.8kmが開業している。しかし、足助へは追分までの一部区間で路盤が造成されたものの、その先は用地買収の難航や不況の深刻化で着工されず、名古屋鉄道への合併後も工事施工期限の延期が繰り返されたが、1958（昭和33）年に免許を返納している。足助へは1928（昭和3）年9月27日に西中金からバスで連絡した。1929（昭和4）年には日本車両で車体長17.6mと大型の半鋼製車デ300形（301,302／後のモ3000形3001,3002）2両を増備している。

一方、1927（昭和2）年4月16日には岡崎市内で路面電車の運行をしていた岡崎電気軌道を合併し、岡崎駅前～岡崎井田間の軌道線5.8kmと井田～門立間の鉄道線6.5kmを加えて岡崎への進出をはたした。元岡崎電気軌道の鉄道線に接続するため、1929（昭和4）年12月18日に上挙母～三河岩脇間6.4kmを建設し、挙母（現・豊田市）と岡崎の間を鉄道で結んだ。三河鉄道は架線電圧1500V、岡崎電気軌道は架線電圧600Vであることから三河岩脇～大樹寺間を1500Vに昇圧し、大樹寺で軌道線に接続した。

また、挙母～八事・東大曽根間で西三電気軌道として鉄道敷設を計画していた地元有力者とともに新三河鉄道として1926（大正15）年10月に鉄道敷設免許を受けた。1927（昭和2）年9月11日に設立総会が開催されると、築港方面まで路線を延伸して海陸連絡輸送をおこなう構想を持っていたことから、株式の1/4を取得し、社長に神谷傳兵衛（2代）が就任した。翌1928（昭和3）年12月には挙母（豊田）～八事（名古屋）間の工事施工認可を得て、1929（昭和4）年6月には八事で接続する東八事～千早間・大久手～今池間約6.5kmの軌道営業と名古屋市内で乗合自動車営業をしていた尾張電気軌道を買収している。しかし、折からの金融恐慌で工事を進めることが困難になったり、三河鉄道の経営不振に伴う愛知電鉄との合併破綻などから、着工には至らなかった。

元尾張電気軌道の事業は市内民営交通機関の統合として市営化の対象となり、1937（昭和12）年に名古屋市に買収され、他に事業のなかった新三河鉄道は同年12月に解散している。しかし、保有していた挙母～八事間の鉄道敷設免許は市外であることから買収対象とならず、三河鉄道に引き継がれた。免許は、さらに名古屋鉄道に引き継がれ、1979（昭和54）年7月に豊田新線として開業することになる。

第2章 三河線　95

愛知電気鉄道との合併の破綻と名古屋鉄道への統合

西三河に路線を延ばす三河鉄道のライバルであったのが、名古屋市内の神宮前から岡崎、そして豊橋への路線を延ばす愛知電気鉄道（以下、愛知電鉄とする）だった。愛知電鉄とのライバル関係は、1923（大正12）年の有松裏（現・有松）から岡崎に向けての路線延伸にあたり、知立駅での接続に始まる。愛知電鉄では1915（大正4）年10月28日に開業していた三河鉄道の知立（後の三河知立）駅に乗り入れる計画だったが協議がまとまらず、やむをえず三河鉄道線を越えて東に伸ばすこととして、交差地点に島式ホームを設けて乗換できるようにした。その後も西三河の交通を巡って岡崎電気軌道の買収などで張り合い、新三河鉄道の経営に参加して挙母～八事間を結ぶ路線の建設は、愛知電鉄への対抗策でもあった。

しかし昭和3（1928）年になり、貨物の直通運転を目的とした愛知電鉄豊橋線の知立信号場と三河鉄道の三河知立を結ぶ連絡線建設にあたり、両社の幹部間の間で交渉がもたれたことをきっかけに対立から協調へと大きく方針が切り替わる。同年5月には子会社である碧海電鉄の米津－西尾間の延長工事の砂利運搬のため、三河鉄道の蒸機を借り受け、碧海電鉄線と愛電豊橋線を運転したい旨、6月には岡崎駅前で岡崎市内線と旧・西尾線との連絡線を敷設したい旨の申請が公文書館に残されている。6月1日には知立の連絡線0.8kmが開業し、貨車の直通運転が可能になった。

これを契機に両社間で連絡設備の改善や客貨誘致の提携がすすめられ、合併への折衝へと発展する。

加えて三河鉄道には、合併を進めたい背景もあった。それは、金融恐慌やバスの発達、碧海電気鉄道の開業による平坂、吉田からの旅客の減少、路線延長や電化による設備投資の負担が大きいことなどによる経営の悪化で、借入金約400万円、支払手形43万円、未払金44万円の負債を抱え、1929（昭和4）年下期には無配当となった。こうした状況を打破する手段として、当時、業界で進められたのが企業合同だった。三河鉄道は名古屋の東邦電力の仲介で、豊橋線への投資、碧海電鉄の設立、西尾鉄道の合併など急速な拡大策が経営を圧迫していた愛知電鉄に合併を働きかけた。

当初、愛知電鉄には合併の意志はなく、三河鉄道側の地元株主の反対も大きかったが、鉄道省のすすめもあって1930（昭和5）年4月4日に愛知電鉄を存続会社とする合併契約書の調印にこぎつけ、7月3日には認可を得た。しかし、業務引継準備のため三河鉄道に派遣されていた経理担当者により、業績が予想より悪く、足助延長用に購入した枕木を使って既存路線の補修を行ったことから枕木の在庫が違っていたり、新三河鉄道の建設資金を流用したりして決算数字を良くした粉飾決算が判明し、同年9月に愛知電鉄は合併を拒否し、翌1931（昭和6）年6月に合併契約は破棄された。合併を拒否された上、不健全な経理内容を暴露された三河鉄道の役員は責任をとって辞任し、日本興業銀行の支援を受けることになった。

日本興業銀行の支援を受けた後も業績は不振であったが、1934（昭和9）年に減資によって不良債権を一掃し、加えて昭和恐慌を脱して収益があがりはじめたことから投資が再開された。1930（昭和5）年から運行を開始した省営バスの岡多線に対抗するため、1934（昭和9）年にガソリ

三河鉄道の絵はがき。海水浴の下車駅である玉津浦と新須磨の駅舎が写されており、海水浴輸送を重視していたことがわかる。
所蔵：Fu

ンカーのキ10形（後のキハ150形、サ2280形を経て、1954（昭和29）年に豊橋鉄道に譲渡されク2280形）3両を新造して岡崎市内から挙母（豊田）への直通運転を行った。1935（昭和10）年の玉津浦の構外側線として大浜臨港線運送（株）専用線が開通したのに続き、工事が止まっていた蒲郡線の延伸も再開され、1936（昭和11）年7月24日に三河鳥羽〜三河鹿島間10.3kmを開業。中間に東幡豆、西幡豆、洲崎、西浦、形原の5駅が設けられた。さらに三河鹿島〜蒲郡間4.1kmも同年11月10日に開業し、中間に拾石（ひろいし）駅が設けられた。全通に伴い、蒲郡〜西中金間81.7kmは三河本線と呼ばれた。また、開業時には刈谷新（現・刈谷）で東海道本線と接続したことから、刈谷新に向かう列車を上り列車としていたが、蒲郡で東海道本線と接続したことから蒲郡に向かう列車を上り列車として、上下列車を逆にしている。

この頃、ガソリンカーが発達し、輸送量の少ない線区や電化区間でも変電所などの設備を増強せずに運行できるため、各地で導入されていた。三河鉄道でも、利用客の少ない区間で大型の電車を運行するのは非効率であるとしてガソリンカーに関心を持ち、1928（昭和3）年6月に閑散区間対策として併用使用の認可をえている。三河鳥羽〜蒲郡間の運行にあたってはガソリンカーを導入することにして、電化はされなかった。そこで三河吉田駅を電車とガソリンカーの乗換駅として、三河鹿島開業にあわせ0.3km西に移設して整備をすると共に、車両としてキ50形ガソリンカー（後のキハ200形、ク2290形を経て1963（昭和38）年に北恵那鉄道に譲渡されク2290形）2両、貨物用

1896（明治29）年の英バルカン・ファンドリー製1B1形タンク機関車を購入した。同機は大阪鉄道が輸入し、関西鉄道時代に池月の愛称が付けられた強力機で、後に鉄道院700形709となっていた。車庫は西浦に設けられた。

開業時の運行は1日26往復で、三河吉田〜蒲郡間を約40分で運行した。蒲郡には1934（昭和9）年に国際観光ホテルのひとつとして蒲郡ホテルが開業し、また、本宿から蒲郡を結ぶ新箱根ルートに愛知電鉄が流線型バスのレオを導入するなど、観光地化が進んでいた。蒲郡への路線開業で幡豆や西浦への行楽客が増加し、乗客の増加に対応するため、翌1937（昭和12）年に流線形のキ80形ガソリンカー（後のキハ250形、サ2220形を経てク2220形）2両を増備している。

1937（昭和12）年8月に豊田自動織機製作所自動車部から分離独立してトヨタ自動車工業（現・トヨタ自

トヨタ自動車の工場開設後は、工具輸送に対応するため、国鉄や筑波鉄道から客車を購入して使用した。ク2130形は国鉄名古屋工場で1901（明治34）年製のホハユ3150形を1939（昭和14）年に購入した車両。1958.2.19 In

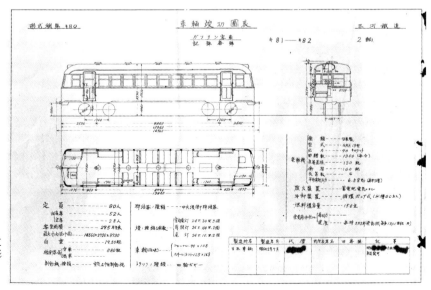

蒲郡へ延長され、乗客増に対して製造された流線形ガソリンカーのキ80形。
所蔵：Si

第2章 三河線 97

動車)が設立されると、工場用地として三河鉄道を利用して生産用設備や資材輸送が可能であるとして、現在、本社工場のある論地ヶ原の現在地が選定された。三河鉄道では岡崎線(後の挙母線)の工場隣接地に1937(昭和12)年12月27日に三河豊田駅を開設し、工場への引き込み線も設けている。1938(昭和13)年11月に挙母工場(現・本社工場)が操業を始めると、工具輸送に対応するため、国鉄や筑波鉄道から客車を購入して使用した。反面、岡崎線と岡崎市内線の直通用に製造されたガソリンカーのキ10形は、車体が小さく、工具輸送の増加に対応できないことから、1938(昭和13)年頃に蒲郡線に移っている。

1937(昭和12)年に日華事変が勃発すると戦時体制が強まり、1938(昭和13)年には国家総動員法、陸上交通事業調整法が公布され、経済界の統制が強化された。国策として私鉄統合が進められ、三河鉄道にも名古屋鉄道に合併するよう、再三の勧奨があった。同時期、三河鉄道は業績を回復しており、過去の経緯もあって合併には気乗り薄であったが、鉄道省の説得で合同せざるを得ないことを悟り、1941(昭和16)年1月27日に合併契約を承認し、6月1日に合併している。合併時の営業キロは軌道線を含め99.9km、車両は客車41両(うち市内線11両)、電気機関車6両、電動貨車2両、蒸気機関車2両、撒水車1両、貨車114両で、鉄道線は三河線、岡崎線と改称した。

三河線(蒲郡線を含む)・岡崎線時代

戦時下になると、ガソリン配給の停止で蒲郡線のガソリンカーは運転できなくなった。岡崎線用の元キ10形であるキハ150形3両と元キ50形のキハ200形は木炭ガス発生装置を積んで代燃車に改造され、流線形の元キ80形であるキハ250形はエンジンを降ろして付随車化され、サ2220形となった。代燃車は馬力が弱いことから、エンストしたり、上り勾配を登り切れないことが頻発した。蒸気機関車は1両では足りず、1941(昭和16)年6月に熊本の熊延鉄道が雨宮製作所で1923(大正12)年に製造した18.3トンの「3」を購入したがあまり活躍せず、新一宮駅で入れ換えに使われていた元尾西鉄道12号(元鉄道院160形165、現・明治村)が使用された。1944(昭和19)年には国鉄から1913(大正2)年に汽車会社で製造された蒸気動車キハ6400形6401(元ジハ6006←鉄道院ホジ6014)を譲り受けたが、あまり使用されることなく1948(昭和23)年に廃車となった。同車は、その後、犬山遊園地や犬山ラインパークで展示され、国内に残る唯一の蒸気動車として1962(昭和37)年に鉄道記念物の指定を受け、明治村を経て、現在はリニア・鉄道館で保存されている。2019(令和元)年7月には国の重要文化財に指定された。

名鉄への合併により、知立は豊橋線の新知立を改称して同一駅として、三河線の知立駅間を跨線橋で結んで統合した。また、三河吉田と旧・西尾線の吉良吉田は建設時の経緯から約300m離れていたが、三河吉田駅を蒲郡方向に200m移転するとともに、西尾線を200m延伸して三河線と結んだ。大戦末期、明治村(安城)や桝塚(岡崎・豊田)の海軍飛行場建設のため、東幡豆で産出される幡豆石を米津、宇頭に運搬するのが目的だった。同時に三河線三河吉田〜三河鳥羽間の架線電圧を西尾線にあわせて600Vに降圧し、直通運転をできるようにしている。西尾線との直通運転は1943(昭和18)年2月1日に始まり、当初、西尾線の駅は1面1線だったが、ほどなく行違い設備が設けられている。1944(昭和19)年になると、利用者数の少ない北寺津、宮崎口、洲崎、竹谷、江畑が休止となった。(1969(昭和44)年廃止)

戦後になると石炭不足が深刻になり、輸送力確保のため、鉄道電化が進められた。地元の協力を得て1946(昭和21)年10月31日に三河鳥羽〜東幡豆間、翌1947(昭和22)年4月23日に形原変電所を新設して、東幡豆〜蒲郡間を架線電圧600Vで電化している。1946(昭和21)年8月1日には、大浜口支線大浜港(後の碧南)〜大浜口間0.3kmが廃止されている。

犬山遊園地で保存されていた頃の蒸気動車キハ6400。
1956.4 Si

三河線時代－名古屋本線直通列車の増発

名古屋鉄道では、1948(昭和23)年5月12日に名岐、犬山、津島線などの架線電圧を1500Vに昇圧し、16日から待望の新岐阜～豊橋間の直通特急運転を開始した。これを機に全線にわたって路線名の見直しを行い、三河線蒲郡～三河吉田間17.6kmを蒲郡線、岡崎線11.0kmを挙母線と改称した。これにより、以降の本稿では三河線を吉良吉田～西中金間64.1kmとし、蒲郡線と挙母線は別項で紹介する。

三河線と名古屋本線とは、1928(昭和3)年6月に愛知電鉄により建設された愛電豊橋線の知立信号場と三河知立を結ぶ連絡線0.8kmの開業で、レールはつながったものの旅客列車の直通運転は行われていなかった。この知立連絡線を使って、1950(昭和25)年9月17日のダイヤ改正で名古屋本線との間に直通特急の運転が開始される。区間は大浜港(後の碧南)～新岐阜間の2往復で、三河線の知立駅から知立連絡線を経て、知立信号場で進行方向を変えて名古屋本線を運行した。名古屋本線内は特急であったが、三河線内は普通列車だった。直通運転に先立ち、6月5日から三河線の列車に行先板が付けられている。1951(昭和26)年1月には、三河線に3800系が初入線した。同年10月16日からモ1070形と1080形間で総括制御運転が開始されている。1952(昭和27)年11月16日には香嵐渓への紅葉号として、モ851＋モ831＋ク2351が入線した。

三河線への直通運転は1953(昭和28)年12月28日には挙母発も加わり、大浜港が4往復、挙母が1往復(うち1往復は名古屋本線内併結で準急)と増発している。1950(昭和25)年4月に刈谷が市制を施行したことにより、1952(昭和27)年3月1日に刈谷町を刈谷市、1948(昭和23)年4月に大浜町、新川町、棚尾町、旭村が合併し、

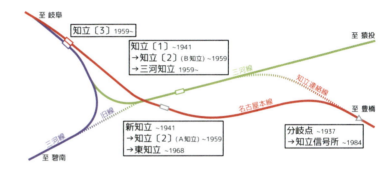

知立駅の変遷。

1959(昭和34)年4月1日に移転・新築された知立駅。

碧南市として市制を施行したことにより、1954（昭和29）年4月1日に大浜港を碧南と改称した。1955（昭和30）年2月1日には新川口支線新川町〜新川口間0.6kmが廃止されている。

三河線の運行で大きな転機となったのが、1959（昭和34）年4月1日の知立駅の移転・新設である。知立駅は歴史的な経緯から、三河線の知立と名古屋本線の知立駅が分かれていて、乗換には約100mの通路を歩く必要があった。そのため両駅を統合するとともに、三河線への直通運転を可能にした。1953（昭和28）年7月に電化され、1955（昭和30）年7月から電車運転が始まった東海道本線への対抗策でもあった。知立駅移転に伴い知立がスイッチバックの線形となり、路線長を0.7km延伸して64.8kmとするとともに、従来の三河線の知立を三河知立、名古屋本線の知立を東知立と分離・改称している。また、名古屋本線と碧南を結ぶ直通特急（線内普通）を、昼間時毎時1本設定した。

1957（昭和32）年10月1日に木造車を鋼体化したHL車の3700系が運行を開始すると、以後、1966（昭和41）年に製造されるHL車の3770系まで、三河鉄道由来の木造車、半鋼製車が鋼製車体に更新されていった。1959（昭和34）年10月1日には、同年1月1日に挙母市が豊田市に変更されたことにあわせて挙母を豊田市と改称。駅舎も1961（昭和36）年7月24日に駅ビルとしてトヨビルが竣工し、駅を地下化して構内踏切を廃止した。1960（昭和35）年11月1日には、三河吉田を吉良吉田に改称している。

知立駅移転以来、三河線から名古屋本線へは吉良吉田発の毎時1本が名古屋本線内は特急となって新名古屋（栄生）へ直通運転されていた。1965（昭和40）年のダイヤ改正から、増加しつつあるマイカーへの対抗で都市間の所要時間短縮が進められ、特急を重視した運行に変わっていく。同年9月15日の改正では、吉良吉田方向（以下海線）への直通列車が毎時2本と増発され、うち1本は豊田市行を併結し、知立で分割した。翌1966（昭和41）年3月25日の改正では、毎時1本の直通列車を三河線内では「快速」の看板を掲げて特急として運転した。快速特急は海線では刈谷、刈谷市、三河高浜、北新川、豊田市方面（以下山線とする）では土橋、上挙母に停車した。

特急指向の運転はさらに強まり、1968（昭和43）年8月26日の改正では、新名古屋〜刈谷市間の特急が2本/時増発され、三河線からの直通特急は毎時4本となり、うち1本が豊田市行と併結となった。海線内は碧南行と刈谷市行の特急がそれぞれ毎時1本運転された。翌1969（昭和44）年7月6日の改正では、刈谷市行特急を三河高浜まで延長している。1970（昭和45）年3月の休日から、犬山遊園への座席指定特急「ラインパーク号」の運転が始まり、以後、1993（平成5）年春までの春秋の行楽シーズンの休日に運転がおこなわれた。

1970（昭和45）年12月25日の改正では、過度な特急偏重運転が見直され、直通特急が毎時3本に削減され、1本は豊田市と碧南行が併結された。線内特急は海線が碧南と三河高浜までそれぞれ1本/時、山線は毎時1本となった。1971（昭和46）年12月27日の改正では、知立〜碧南間の速度向上で新川町折返し列車を碧南まで延長するとともに、毎時2本だった特急の1本を準急化して新川町と高浜港に停車させている。また、名古屋本線直通列車に3800系などのAL車をパノラマカーと同様の車体に更新した7300系の使用を開始した。

貨物営業の廃止と豊田新線の開業

石油危機による鉄道利用者の増加を受けた1974（昭和49）年9月17日の改正では、1967（昭和42）年8月以来、運行されていなかった急行の種別が復活し、線内の特急は急行化され、海線では毎時2本、山線では毎時1本の運転となった。また、名古屋本線への直通列車が大幅に削減され、毎時3本あった直通特急が朝夕のみ毎時1本に変更され、それも1977（昭和52）年3月20日に急行に種別変更された。1979（昭和54）年7月29日の豊田新線開業にあわせ、山線では昼間帯に運行されていた急行が普通列車化され、20分間隔の運転となった。海線でも1981（昭和56）年11月20日に昼間帯に運行されていた急行が普通列車化され、15分間隔の運転となった。同時に碧南〜吉良吉田間の運行が分離され、モ800形両運転台車が使用されている。

貨物輸送は、1974（昭和49）年9月には、国鉄と貨車を継走する刈谷を起点に海線は三河一色、三河平坂間、碧南、新川町間に各1往復の計4往復、山線は三河広瀬に1往復、猿投に2往復、土橋に1往復の4往復、名古屋本線の美合に1往復が設定されていた。しかし、海線側は1977（昭和52）年5月25日に衣浦臨海鉄道碧

三河線を走る貨物列車。三河線では数多くの貨物列車が運行されたが、海線側は1977(昭和52)年5月25日の衣浦臨海鉄道碧南線の開業、山線側は国鉄の貨物運行体制の変更で1983(昭和58)年12月31日限りで廃止された。
1977.5　Ha

南線(武豊線東浦～権現崎間11.3km)の開業にあわせ、貨物扱いを移行することになり、同日付で三河一色、三河平坂、碧南、新川町、北新川、三河高浜、吉浜、小垣江の貨物営業を廃止した。山線については、1984(昭和59)年2月に国鉄が操車場で中継する方式を廃止し、拠点間直行方式に切り替えるのに伴い、前年の12月31日限りで土橋、越戸、猿投、枝下、三河広瀬の貨物営業を廃止している。

　1979(昭和54)年7月29日には、新三河鉄道が取得していた挙母(豊田)～八事(名古屋)間の鉄道敷設免許を引き継ぎ、豊田新線が梅坪～赤池間15.2kmで開業し、名古屋市交通局鶴舞線との相互直通運転が開始された。それに伴い山線では設備の改良が進められ、まず豊田新線用車両の100系が1979(昭和54)年1月1日から知立～猿投間で営業運転を始め、車庫として猿投検査場が同年6月に開設された。路線の改良は、1979(昭和54)年3月27日に梅坪を豊田市寄りに0.2km移設して1.3kmを高架化。豊田市と梅坪間は高架化が遅れて地下鉄車両が踏切のある地上線を走行していたが、1985(昭和60)年12月1日に3.4kmの高架線が完成し、それに先立つ11月1日に豊田市駅の新駅舎が使用開始されている。豊田市～梅坪間1.4kmは翌1986(昭和61)年10

1980年頃までは、祭り等にあわせ、三河線への直通列車が運転された。山線三河八橋で5月に開催される「かきつばたまつり」にあわせて運転された「かきつばた」号と三河一色の諏訪神社で8月に開催される「三河一色大提灯まつり」に併せて運転された「一色大提灯」号。1978.5.17　猿投　Ha　1978.8.26　知立　Ha

第2章 三河線　101

月1日に複線化された。

海線では、1976(昭和51)年4月11日から知立〜重原間が複線化され、1980(昭和55)年12月14日には刈谷市付近の2.3kmが高架化されて刈谷〜刈谷市間が複線化された。1981(昭和56)年12月14日には新須磨を知立寄りに0.1km移設して碧南中央と改称している。

三河線の閉塞方式は、長らくタブレット閉塞で行われていたが、1975(昭和50)年4月1日に知立〜豊田市間にCTCが導入され、1983(昭和58)年10月21日には碧南〜小垣江間に自動閉塞式を施行し、碧南〜刈谷市間でCTCを導入している。

※豊田新線の正式路線名は「豊田線」であるが、1986(昭和61)年9月までは一般への案内として「豊田新線」という呼称が使われており、本書ではそれに従うこととする。

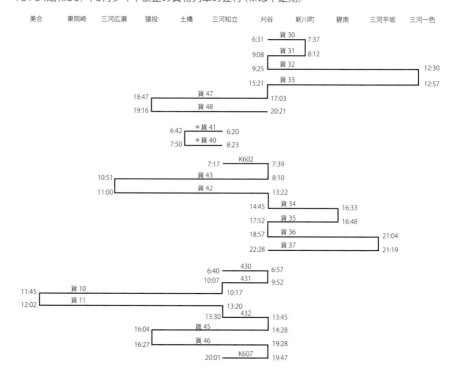

1975(昭和50)年9月ダイヤ改正の貨物列車の運行(※は不定期)

LEカーの使用開始と路線廃止、ワンマン化

モータリゼーションの進展による利用者の減少は、三河線の末端区間で特に深刻だった。このため、1985(昭和60)年3月14日に猿投〜西中金間8.6kmに、八百津線に続いて富士重工が第三セクター化される国鉄の地方交通線向けに開発したバス並みの車体とバスの部品を使って軽量小型化した低コストの軽量気動車LEカー・キハ10形2次車3両(キハ14〜16)を導入し、さらにワンマン化により経費の削減が図られた。2次車には冷房装置が付き、キハ15は八百津線で使用され、キハ12が三河線に移っている。LEカーは、1987(昭和62)年にボギー構造としたキハ20形を導入し、1990(平成2)年7月1日から碧南〜吉良吉田間16.4kmでも運転されている。1995(平成7)年3月1日には、車両は2軸車のキハ10を置き換えるため、大型のキハ30形が製造されている。しかしこれら区間の輸送密度は低く、架線を撤去して車両を置き換えても厳しい収支状況には変わりはなかった。規制緩和の流れの中、2000(平成12)年3月に鉄道事業法の一部改正が行われ、需給調整規制の撤廃などとあわせ、鉄道路線の廃止手続きは従来の許可制から事前(1年前)届け出制になった。これを受けて両区間については地元自治体と今後の運営について協議が行われ、2001(平成13)年9月の廃止で計画が進められたが、地元から全額赤字補填による維持存続の要望が出され、最長3年間は運行を継続することになった。この間に自治体側で代替バス運行の準備が進み、両区間とも2004(平成16)年3月31日限りで廃線となり、三河線の路線長は39.8kmに短縮された。路線廃止後、車両はミャンマーに売却された。

1970(昭和45)年3月の休日から春秋シーズンに犬山線の新鵜沼へ運転されていた有料の特急は、1990(平成2)年10月28日の碧南、1993(平成5)年5月5日の豊田市を最後に廃止された。1990(平成2)年10月28日には運行が知立を境に海線と山線とで分離されている。

一方、民営化されたJR東海に対抗するため、1992(平成4)年11月24日の改正では海線(碧南)への直通

閑散路線の経費削減を目的に1985（昭和60）年3月に三河線猿投以北に導入されたLEカー。
1985.3.10　土橋　Ha

急行が復活し、当初は犬山線の岩倉発着の普通と結んで毎時1本運転された。直通急行は1993（平成5）年8月12日の改正で運行系統を津島線に変え、須ヶ口〜知立間急行として毎時1〜2本に増発され、同時に知立〜碧南間の普通も昼間帯と夜間に3本/時から4本/時となった。さらに1994（平成6）年3月30日改正では、豊田市（猿投）行の直通急行が夕方に2本復活、名古屋本線内は碧南行に併結された。1996（平成8）年4月8日改正では、山線（知立〜猿投間）の昼間の列車も3本/時から4本/時に増発された。1998（平成10）年4月6日から同区間は平日には終日15分毎の運転となり、あわせて終電の繰り下げがおこなわれている。三河線から名古屋本線への直通急行は、2005（平成17）年1月29日に廃止されて平日朝に下りのみ3本、夜間に碧南行が1本残るのみとなり、2011（平成23）年3月26日改正で廃止されている。

　閑散線区における経費削減として、車両のワンマン化が進められた。名鉄の1500V線区でのワンマン化は、1998（平成10）年6月1日の西尾〜蒲郡間で行われたのが最初で、車内に自動両替機付運賃箱を設けて運賃収受を行ったことから、2両組成が限界だった。続くワンマン化は知立〜猿投間で2001（平成13）年10月1日から開始され、無人駅にも自動改集札機を設けて駅集中管理システムにより管理を行い、運行時の安全を確保するため、各駅ホーム上に光センサー装置を設置して、列車出発時にセンサーが異常を感知すると列車を停止させるホームセンサーシステムを導入した。こうした都市型ワンマンシステムの導入で、4両組成のワンマン化を可能にした。2006（平成18）年4月29日には知立〜碧南間もワンマン化されるが、同区間の安全確認は運転台に小型液晶モニタを設置し、ホームの映像を車両に伝送して確認する方法に変更されている。なお、安全確認手段の目視への変更に伴い、現在は運転台の小型液晶モニタは撤去され、ホームセンサーも2023（令和5）年3月に使用中止となっている。

　平成に入っての施設の改良は、1990（平成2）年10月4日に越戸の行違い設備を復活し、梅坪〜猿投間のCTC化を行っている。

　高架化は1996（平成8）年9月14日と1999（平成11）年7月3日には越戸駅付近2.5kmでおこなわれ、越戸が高架駅となった。1998（平成10）年4月24日には国道247号に続く県道41号をまたぎ越す寺津〜三河楠間0.6km、2009（平成21）年12月12日に三河八橋付近の1.8kmが高架化されている。1989（平成元）年1月25日には、刈谷駅の橋上駅舎と南北連絡通路が完成し、JRの駅と分離された。1993（平成5）年10月13日には猿投駅の駅舎が改築され、翌1994（平成6）年12月25日には三河高浜駅の橋上駅舎と東西連絡通路が完成し、使用開始された。2026年完成をめざして若林駅の前後2.2kmが高架化されることになっており、2023（令和5）年3月4日に仮線に移行した。完成後は、待避が可能な2面4線の設置が可能な構造となっている。

ワンマン運転に備えて三河線山線に導入されたホームセンサーシステム。現在は撤去されている。
2011.7.3　竹村　Ha

第2章 三河線　103

吉良吉田駅

　三河鉄道の蒲郡延伸に伴い、1928(昭和3)年8月25日に三河吉田として開業。翌1929(昭和4)年8月11日に三河鳥羽まで延伸されて1936(昭和11)年7月24日の三河鳥羽〜三河鹿島間延伸の際に、非電化区間を運行するガソリンカーとの乗換のため、西に300mの位置に移転している。1943(昭和18)年2月1日に三河吉田駅を蒲郡方向に200m移転して、旧・西尾線と直通運転を行った。1960(昭和35)年11月1日に、三河吉田を吉良吉田に改称している。

　以来、海側の1,2番線が三河線のホームとなった。1990(平成2)年7月1日から2004(平成16)年3月31日までは、軽量気動車のLEカーが使用された。

三河吉田に停車中のモ1070形1075。モ1070形は元愛電の電6形。1955.12　Si

吉良吉田に停車中のモ800形814。利用者減に対応するため、1981(昭和56)年11月20日から吉良吉田〜碧南間はモ800形単行の運行となり、不足する車両はモ800形1両とモ3500形3両を両運転台車に改造して運行した。モ814はモ3505からの改造車。
1983.2.26　Ha

矢作古川の鉄橋を渡るモ800形811。モ802からの改造車で、4両が両運転台に改造されたうちの唯一のモ800形オリジナル車。同車は1996(平成8)年の廃車後、日本車輌の創業100周年記念として豊川工場で保存されている。
1981.11.23　Ha

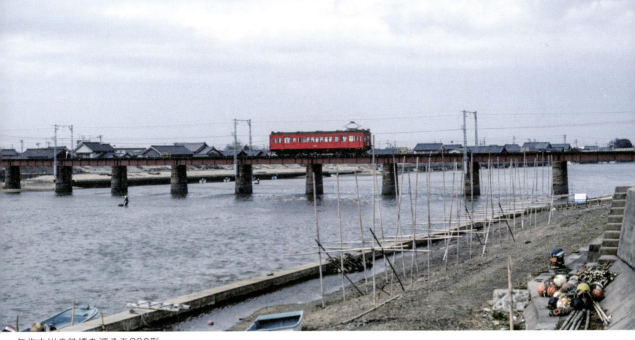

矢作古川の鉄橋を渡るモ800形810。モ810はモ800形のなかでモ809とともに、両側に運転台を残していた。
1983.2.6　Ha

同地点のキハ30形31。キハ30形は2軸車のキハ10形を置き換えるため、1995（平成7）年2月に製造された。従来車と比べ車体長が16mと長くなり、車体構造も鉄道車両に準じている。
2004.3.17　Ha

同地点のキハ30形32。キハ30形は4両が製造され、廃車後はミャンマーへ譲渡された。
2004.3.14　Ha

第2章 三河線　105

松木島(旧・神谷)・三河一色・西一色駅(廃止)

松木島(旧・神谷)駅(廃止)

1926(大正15)年9月1日に三河鉄道大浜港(現・碧南)〜神谷間13.7km開通に伴い開業。

計画時の駅名は「松木島」であったが、東京浅草にある有名なバーの創業者で、創立時から取締役で開業直後の苦境時に社長を務めて経営を立て直した神谷傳兵衛(初代)の功績をたたえて「神谷」とした。3代目社長の「神谷傳兵衛(2代)」が開通2年後の春に貴賓室付の駅舎を寄贈している。駅名は1949(昭和24)年12月1日に松木島に改称されている。

かつては島式ホームで貨物側線もあったが、1961(昭和36)年5月11日に貨物営業が廃止となり、1966(昭和41)年2月4日に行違い設備が撤去され、ホームは1面1線となった。1973(昭和48)年に無人化され、1978(昭和53)年9月に駅舎が撤去されている。

2004(平成16)年4月1日に碧南〜吉良吉田間路線廃止に伴い、廃止となった。

松木島駅駅舎。1966.4.12　Kr

三河一色駅(廃止)

1926(大正15)年9月1日に三河鉄道大浜港(現・碧南)〜神谷(後の松木島)間13.7km開通に伴い開業。旧一色町の中心にあった駅で、読み方は戦前には「みかわいっしき」であったが、戦後に「みかわいしき」に変更されている。開業時の駅舎は、1958(昭和33)年3月5日に改築されている。

かつては行違いが可能で貨物側線もある2面3線の駅で、特産の養殖ウナギの飼料(サンマやイワシ)の受け入れやエビせんべいの発送で賑わい、1964(昭和39)年には西三河養殖漁協のウナギ用専用線も設けられている。また、三河湾でとれた魚介類を背負って売り歩く「カンカン部隊」の行商人も利用した。貨物営業の廃止により1984(昭和59)年3月20日の行違い設備撤去とそれによるホームの1面1線化を経て、同年4月1日に無人化(三河観光に業務委託)された。2004(平成16)年4月1日の碧南〜吉良吉田間路線廃止に伴い、廃止となったが、駅舎は廃止後4年間、ふれんどバスの事務所兼定期券発売所として使われ、2008(平成20)年6月に撤去された。

三河一色駅駅舎。2004.3.17　Ha

西一色駅(廃止)

1926(大正15)年9月1日に三河鉄道大浜港(現・碧南)〜神谷(後の松木島)間13.7km開通に伴い味浜(あじはま)として開業。翌1927(昭和2)年10月25日に駅舎を新築し、西一色に駅名を改称した。読み方は戦前は「にしいっしき」であったが、戦後に「にしいしき」に変更されている。

1面1線の駅であるが、戦前には貨物営業を行っており貨物ホームの跡も残っていた。1971(昭和46)年2月1日に無人化され、1986(昭和61)年頃に駅舎も撤去された。2004(平成16)年4月1日に碧南〜吉良吉田間路線廃止に伴い、廃止となった。

西一色駅駅舎。2004.3.17　Ha

寺津・三河楠駅(廃止)

寺津駅(廃止)

1926(大正15)年9月1日に三河鉄道大浜港(現・碧南)～神谷(後の松木島)間13.7km開通に伴い開業。1927(昭和2)年3月25日に0.6km西一色寄りに移設されている。

かつては行違いが可能で貨物用の側線もある2面3線の駅だったが、1965(昭和40)年1月1日に貨物営業が廃止となり、1967(昭和42)年頃、行違い設備が撤去された。1969(昭和44)年7月1日に無人化され、翌年駅舎が撤去されている。2004(平成16)年4月1日に碧南～吉良吉田間路線廃止に伴い、廃止となった。

0.5km北側に1927(昭和2)年7月25日に開業した北寺津駅があったが、1944(昭和19)年に休止となり、1969(昭和44)年に正式廃止となっている。

三河楠駅(廃止)

1926(大正15)年9月1日に三河鉄道大浜港(現・碧南)～神谷(後の松木島)間13.7km開通に伴い開業。島式ホームで1線は貨物用の側線で貨物営業も行われていたが、1956(昭和31)年1月5日に廃止となり、平坂支線港前駅に集約された。1958(昭和33)年2月23日に無人化され、駅舎も撤去された。2004(平成16)年4月1日に碧南～吉良吉田間路線廃止に伴い、廃止となった。

三河楠駅。1966.8.20　Kr

寺津駅駅舎。1966.8.20　Kr

寺津～西一色間を走る3730系3759編成。
1977.5.23　Ha

寺津～西一色間を走るモ800形811。
1981.11.23　Ha

同区間を走るキハ30形31。三河一色で8月下旬に開催される「三河一色大提灯まつり」の看板を付けている。
2004.3.14　Ha

寺津～三河楠間の県道41号をまたぎ越す跨道橋。1998（平成10）年4月24日に完成し、使われたのはわずか6年だった。
2004.3.17　Ha

三河平坂駅（廃止）

　1926（大正15）年9月1日に三河鉄道大浜港（現・碧南）～神谷（後の松木島）間13.7km開通に伴い開業。貨物営業を行っており、1960（昭和35）年3月27日の平坂支線廃止後は港前駅の貨物も扱っていたが、1977（昭和52）年5月25日に貨物営業は廃止されている。駅舎は1961（昭和36）年9月27日に改築された。2004（平成16）年4月1日に碧南～吉良吉田間路線廃止に伴い、廃止となった。島式ホーム1面で、廃止時には廃止区間で唯一、行違いができる駅だった。1985（昭和60）年10月1日の無人化後は、初列車から9時30分まで運転取り扱い要員が配置され、朝ラッシュ時間帯は碧南～三河平坂と三河平坂～吉良吉田間の閉塞を分割して運転し、9時半以降は碧南～吉良吉田間を併合し1閉塞区間として運転された。

三河平坂駅舎。2004.3.14　Ha

三河平坂駅の行違い。廃止の頃、ここで行き違うのは朝だけだった。2004.3.14　Ha

三河平坂を出発し、港前に行っていた平坂支線をオーバークロスする3700系。平坂支線は1960（昭和35）年3月27日に廃止された。1958.8　Si

ほぼ同地点を走るデキ600形牽引の貨物列車。貨物列車は三河一色まで運転されていた。1977.5.21　Ha

第2章 三河線　109

中畑・三河旭駅（廃止）

中畑駅（廃止）

　矢作川橋梁の吉良吉田側にあり、1926（大正15）年9月1日に三河鉄道大浜港（現・碧南）～神谷（後の松木島）間13.7km開通に伴い開業。1線は貨物用の側線の島式ホームで、1959（昭和34）年1月21日までは貨物営業が行われていた。1966（昭和41）年に無人化され、駅舎も撤去された。2004（平成16）年4月1日に碧南～吉良吉田間路線廃止に伴い、廃止となった。

三河旭駅（廃止）

　矢作川橋梁の碧南側にあり、1926（大正15）年9月1日に三河鉄道大浜港（現・碧南）～神谷（後の松木島）間13.7km開通に伴い開業。島式ホームで行違い設備があり、駅員も配置され、1960（昭和35）年に改築された駅舎があった。1965（昭和40）年1月1日に貨物営業が廃止となり、1966（昭和41）年頃に行違い設備を撤去して1面1線のホームとなり、1968（昭和43）年12月20日に無人化され、1969（昭和44）年に駅舎も撤去された。2004（平成16）年4月1日に碧南～吉良吉田間路線廃止に伴い、廃止となった。当駅から玉津浦までの廃線跡が碧南レールパークとして、鉄道があったことを偲べる遊歩道として整備されている。

中畑駅駅舎。1966.6.10　Kr

三河旭駅駅舎。1966.6.10　Kr

中畑と三河旭間にある長さ423.9mの矢作川橋梁を渡る3730系3759編成。3730系は1964（昭和39）～1966（昭和41）年に65両が製造された2次のHL車の車体更新車で、車体は3700系と同様だったが、踏切事故対策の一環で運転台が嵩上げされ、扉が1400mm幅の両開ドアとなった。橋梁の架線柱は古レールが使われている。1977.5.23　Ha

1990（平成2）年7月1日からは碧南〜吉良吉田間でLEカーの運転が始められた。
2002.3.31　Ha

矢作川橋梁を渡るキハ32。行先板は沿線のまつりにちなむ「三河一色大提灯号」の名称が掲げられている。
2004.3.17　Ha

デキ600形牽引の貨物列車。海線側の貨物列車は、1977（昭和52）年5月25日の衣浦臨海鉄道碧南線開業に伴い廃止された。
1977.5.23　Ha

長さ423.9mの矢作川を渡るモ800形811の単行。1988.11.23 Ha

矢作川橋梁を渡り中畑に向かう3700系3707編成。
1981.5.10　Ha

矢作川橋梁を渡り中畑に向かうモ800形809。
1981.11.23　Ha

矢作川橋梁の碧南側を走るモ1087＋ク2152の2連。1958　Si

棚尾・玉津浦駅（廃止）

棚尾駅（廃止）

　1926（大正15）年9月1日に三河鉄道大浜港（現・碧南）～神谷（後の松木島）間13.7km開通に伴い、隣の旭村（三河旭駅）と共に住民の陳情により開設。大浜港から三河旭に向かうには市街地を通らなければならず、市街地を避けたことから線形はΩカーブとなった。

　駅員が配置され、1960（昭和35）年に改築された駅舎があり、志貴毘沙門天王（妙福寺）の門前駅として、縁日には賑わった。島式ホームで1線は貨物用の側線だったが、1965（昭和40）年1月1日に貨物営業が廃止となり、1966（昭和41）年に無人化され駅舎も撤去された。2004（平成16）年4月1日に碧南～吉良吉田間路線廃止に伴い、廃止となった。駅跡地は碧南レールパークとして鉄道時代のイメージを伝える公園に整備されている。

棚尾駅駅舎。1966.8.20　Kr

棚尾に到着するLEカー。2004.3.14　Ha

玉津浦駅（廃止）

　1926（大正15）年9月1日に三河鉄道大浜港（現・碧南）～神谷（後の松木島）間13.7km開通に伴い開業。1面1線のホームで、1935（昭和10）年に構外側線として大浜臨港線運送専用線（玉津浦臨港線）が開通し、石炭等の輸送がおこなわれた。玉津浦は新須磨とならぶ海水浴場でもあり、多くの海水浴客を集め、戦後、海水浴客の利便を図るため、旅客輸送が行われている。この電車は「お伽の国電車」と呼ばれ、玉津浦～貨物駅を運行して、運賃は5円であったという。しかし、伊勢湾台風で被害を受けたこともあって1959（昭和34）年12月3日に廃止されたが、一部は大浜三鱗側線として1968（昭和43）年4月1日まで残存した。駅は1966（昭和41）年に無人化され、翌年、駅舎も撤去された。2004（平成16）年4月1日に碧南～吉良吉田間路線廃止に伴い、廃止となった。現在、駅跡地は碧南レールパークとして鉄道時代のイメージを伝える公園に整備されており、かつての玉津浦臨港線の分岐も表示されている。

棚尾駅。1966.8.20　Kr

玉津浦付近を走るデキ300形301牽引の貨物列車。6両在籍した三河鉄道キ10形（後のデキ300形）のうち、最初の2両は全面中央に窓があった。このあたりで線路は大きく弧を描いており、右側に碧南への線路が見える。1958　Si

碧南駅

1914（大正3）年2月5日に三河鉄道刈谷新（現・刈谷）～大浜港（現・碧南）間14.5km開通に伴い開業。衣浦港の船運との連携を図り、1915（大正4）年11月29日に大浜臨港線（後の大浜口支線）大浜港～大浜口間0.4kmの貨物線を開業した。1926（大正15）年2月5日には大浜港～猿投間の全線を電化し、同年9月1日には神谷（後の松木島）へ13.7kmへの路線を延伸している。大浜口支線は貨物量の減少から、1946（昭和21）年8月1日に廃止となった。

1947（昭和22）年6月に、1944（昭和19）年12月の東南海地震で倒壊した駅舎が再建された。1948（昭和23）年4月5日に大浜町、新川町、旭村が合併し碧南市が誕生したことから、1954（昭和29）年4月1日に駅名を碧南に改称している。1977（昭和52）年5月25日には、衣浦臨海鉄道碧南線が開業して貨物扱いが移行したため、貨物営業を廃止した。貨物営業中は2面2線のホームがあったが、廃止後のホームは1面2線になっ

碧南駅駅舎。1966.4.13　Kr

た。2004（平成16）年4月1日にLEカーで運転されていた碧南～吉良吉田間16.4kmの廃止により、終着駅となった。翌2005（平成17）年8月25日には駅集中管理システムの導入で無人化され、海線（三河線南部）の運行も2006（平成18）年4月29日から運転台に小型液晶モニタを設置し、ホームの映像を車両に伝送して確認する方法でワンマン化がおこなわれている。

2019（平成31）年3月には3代目駅舎が竣工し、翌2020（令和2）年7月には待合所が竣工している。

碧南のホームは2面2線で、1線は駅舎からつながり、もう1線は構内踏切を渡った島式ホームとなっていた。
1957.9　Si

碧南駅に停車する流線形車両として知られるク2220形2222。1937（昭和12）年に非電化区間だった三河鳥羽～蒲郡間用に日本車両で製造されたガソリンカーのキ80形で、燃料不足で戦時下にサ2220形として付随車化され、築港線を経て1960（昭和35）年に制御車に改造されてク2220形となった。1955.8　Si

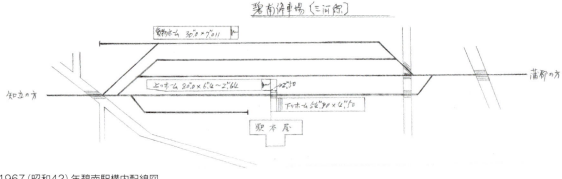

1967（昭和42）年碧南駅構内配線図

島式のホームに停まるモ1070形(元愛電・電6形)2連。1957.2　モ1075ほか　Si

ラッシュを控え、碧南で2連を増結する。
モ3737ほか　1976.7　Ha

貨物列車が数多く走っていた頃の碧南駅。デキ400形の牽く
貨物列車が発車待ちをしている。1976.7　Ha

三河線南部の閉塞方式は、1983(昭和58)年10月21日に自動
閉塞が施行されるまで、タブレット閉塞だった。1976.7　Ha

第2章 三河線　117

碧南中央（旧・新須磨）駅

　旧駅名は新須磨で、1981（昭和56）年12月14日に0.2km知立方に移設し、碧南市の中心部に近いことから駅名を碧南中央に改称した。ホームは当初から1面1線である。

　新須磨の名称は、1914（大正3）年2月5日に刈谷新（現・刈谷）〜大浜港（現・碧南）間を開通させた三河鉄道が、景観が兵庫県の須磨海岸を想起させることから海水浴場として同年7月に海開きをおこなったことに由来し、同年は海水浴場利用者のため臨時停車をおこない、翌1915（大正4）年7月10日から正式に新須磨として開業した。1950（昭和25）年には東洋一といわれた海水浴プールも完成したが、伊勢湾台風で被害を受け、その後、海岸の埋め立てで臨海工業地帯に変貌している。

　碧南駅より利用者が多く、2005（平成17）年9月から終日駅員が配置となったが、2023（令和5）年3月25日より特殊勤務駅となった。

移転直前の新須磨駅。1981.11.23　Ha

新須磨の駅ホーム。この北側に碧南中央駅が新設された。
1981.11.23　Ha

新須磨〜新川町間で新川を渡るデキ600形牽引の貨物列車。
1977.5.21　Ha

新川町駅

　1914（大正3）年2月5日に三河鉄道刈谷新（現・刈谷）～大浜港（現・碧南）間14.5km開通に伴い開業。新川港での船運との連携を図り、1915（大正4）年8月17日に新川臨港線（後の新川口支線）新川町～新川口間0.6kmの貨物線を開業した。新川口支線は1955（昭和30）年2月1日に新川口駅の構内側線扱いになっている。1944（昭和19）年7月には駅舎が改築されている。

　北新川、高浜港、高浜駅と共に、この地方特産の三州瓦や土管の発送で賑わったが、1977（昭和52）年5月25日に、衣浦臨海鉄道碧南線の開業に伴い貨物営業を廃止した。2面2線のホームを持つ行違い駅で、1992（平成4）年8月1日に無人化された。旧駅舎は2001（平成13）年1月5日に「新川まちかどサロン」に改装され、現存している。

新川町駅駅舎。1966.8.1　Kr

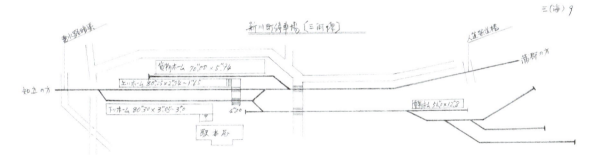

1967（昭和42）年の新川町駅構内配線図。右に伸びる貨物線は元新川臨港線で、この頃は新川町駅の構内側線扱いとなっていた。

北新川駅

　1914（大正3）年2月5日に三河鉄道刈谷新（現・刈谷）～大浜港（現・碧南）間14.5km開通に伴い開業。1947（昭和22）年6月に駅舎が知立側に移設されている。

　1977（昭和52）年5月25日に、衣浦臨海鉄道碧南線の開業に伴い貨物営業を廃止した。貨物廃止後に側線や貨物ホームが撤去され、1面2線の島式ホームがある行違い駅となり、構内は右側通行となっている。2005（平成17）年8月25日に駅集中管理システムの導入で無人化された。

北新川駅駅舎。2008.9.11　Ha

第2章 三河線　119

高浜川を渡るデキ600形牽引の貨物列車。1977.5.23　Ha

第2章 三河線

高浜川を渡るLEカーのキハ20形2連。碧南〜吉良吉田間で運行する車両の検査・修繕を猿投検車区でおこなうことから、電化区間の碧南〜猿投間でも車両の回送を兼ねたLEカーによる定期列車が毎日運行された。
2004.3.17　Ha

5500系と7700系の普通列車。5500系の引退にあたり、昭和40年代のストロークリームにスカーレット帯の復刻塗装に塗られた5513編成。
2004.3.14　Ha

陶器工場の煙突を眺め、高浜川の鉄橋を渡り高浜港に向かう850系。1983.5.5　Ha

高浜港駅

高浜港駅駅舎。1983.5.5　Ha

　1914（大正3）年2月5日に三河鉄道刈谷新（現・刈谷）～大浜港（現・碧南）間14.5km開通に伴い開業。貨物扱いのある頃は島式1面2線のホームに側線や上下線に貨物ホームがあり、貨物列車の待避がおこなわれるなど、広い構内があったが、1977（昭和52）年5月25日に貨物営業を廃止。1983（昭和58）年10月21日に行違い設備を撤去し、ホームは1面1線化された。2005（平成17）年8月25日に駅集中管理システムの導入で無人化された。1940（昭和15）年に建設された駅舎は、2016（平成28）年3月10日に建て替えられている。

三河高浜駅

　開通から遅れ、1918（大正7）年4月20日に開業。1957（昭和32）年8月25日に駅舎が改築されている。
　1977（昭和52）年5月25日に、衣浦臨海鉄道碧南線の開業に伴い貨物営業を廃止した。貨物廃止後、側線と貨物ホームを撤去して1面2線の島式ホームとなったが、高浜市の玄関駅としてふさわしく、1994（平成6）年12月25日に橋上駅となった。2005（平成17）年8月9日に駅集中管理システムの導入で無人駅化された。地元では略して「三高（さんたか）」と呼ばれることが多く、橋上駅の東西連絡通路には「三高駅」と記されている。

三河高浜駅駅舎。1966.8.1　Kr

三河高浜を発車する5500系の快速特急。
1966.4　Si

吉浜駅

　1914（大正3）年2月5日に三河鉄道刈谷新（現・刈谷）～大浜港（現・碧南）間14.5km開通に伴い開業。駅舎は1959（昭和34）年の伊勢湾台風で被災後、翌1960（昭和35）年3月に改築されている。
　1977（昭和52）年5月25日に、衣浦臨海鉄道碧南線の開業に伴い貨物営業を廃止。その後、1978（昭和53）年3月20日に側線と貨物ホームを撤去して1面2線の島式ホームとなったが、1983（昭和58）年10月21日に行違い設備が撤去され、1面1線のホームとなった。2005（平成17）年9月14日に駅集中管理システムの導入で無人駅化され、駅舎も改築された。

吉浜駅駅舎。1966.8.20　Kr

第2章 三河線　123

小垣江駅

　1914（大正3）年2月5日に三河鉄道刈谷新（現・刈谷）～大浜港（現・碧南）間14.5km開通に伴い開業。1927（昭和2）年5月19日に海軍の潜水艦との無線交信を目的とした長波の送信所である依佐美送信所建設のため2.5kmの臨時専用線が建設され、同年7月11日から9月30日まで運行がおこなわれた後、1929（昭和4）年3月4日に廃止された。依佐美送信所は1997（平成9）年に3月に解体されている。専用線の跡地の駅ホーム東側には、昭和40年代に東芝炉材（現・クアーズテック合同会社刈谷事業所）の工場新設にあたり、専用線とホームが設けられている。

　1977（昭和52）年5月25日に、衣浦臨海鉄道碧南線の開業に伴い貨物営業を廃止。その後、側線と貨物ホームを撤去して、島式1面2線のホームとなった。2002（平成14）年7月6日に、駅北側の前川改修工事に伴い橋梁部分まで複線化された。2005（平成17）年9月14日に駅集中管理システムの導入で無人駅化され、駅舎も吉浜方先端に移設新築された。

小垣江駅駅舎。1966.8.1　Kr

小垣江に停車するモ1086（元三河鉄道デ100形）＋3700系3711編成。
1958.3　Si

小垣江に到着する3700系3711編成＋モ1086。
1958.3　Si

花菖蒲咲く小垣江でデキ400牽引の貨物列車を追い越す3730系3747編成の西中金行急行。1977.5.23　Ha

小垣江で行き違う貨物列車。デキ600形牽引の碧南行とデキ400形牽引の刈谷行。1977.5.23

刈谷市駅

　1914（大正3）年2月5日に三河鉄道刈谷新（現・刈谷）～大浜港（現・碧南）間14.5km開通に伴い刈谷町として開業。1931（昭和6）年に駅舎を改築。1950（昭和25）年4月の市制施行に伴い、1952（昭和27）年3月1日に刈谷市に駅名を改称している。

　貨物線を含め2面3線のホームがあったが、貨物営業は1965（昭和40）年1月1日に廃止。1980（昭和55）年12月14日に刈谷～刈谷市間1.5kmの複線化と刈谷市付近2.3kmの高架化がおこなわれ、島式1面2線の高架駅となった。1999（平成11）年12月20日にエレベータが設置された。2005（平成17）年8月11日に駅集中管理システムの導入で無人駅となった。

刈谷市駅駅舎。1966.8.1　Kr

刈谷市駅付近の高架化を記念して実施された発車式。
1980.12.14　Ha

高架化された刈谷市駅に停まる7300系の高架化完成祝賀電車と3730系3758編成。1980.12.14　Ha

刈谷駅

　1914（大正3）年2月5日の三河鉄道大浜港開業時に刈谷新駅として開業。翌1915（大正4）年10月28日には知立（現・三河知立）まで延伸されている。三河鉄道は刈谷駅乗り入れを望んだが協議が進まず、やむをえず刈谷駅南0.1kmの地点に刈谷新駅を設けて徒歩連絡した。1927（昭和2）年11月10日に0.1km知立方にある国鉄（現・JR）刈谷駅に移設して共同駅となり、駅名を刈谷と改称して南口を新設した。国鉄線との間では貨物の授受をおこない、1926（大正15）年2月の電化後は凸型電機のキ10形（後のデキ300形）が1936（昭和11）年までに6両そろって貨物を牽引した。

　ホームは1面2線で、かつては国鉄線との連絡のため、数多くの側線があり、南側は貨車専門の刈谷工場（1968（昭和43）年廃止）につながっていた。駅周辺にはトヨタ系企業の本社や工場が立ちならび、多くの通

刈谷市駅南口。 1966.7.25　Kr

勤客が利用する。1988（昭和63）年1月29日にホームを100m知立側に移し4月23日に橋上駅化。翌1989（平成元）年1月25日に南北連絡通路の完成でJR駅と改札が分離された。駅南側の側線や線路係員の管理区のあった場所はホテルと立体駐車場になっている。2008（平成20）年2月にホームへのエレベータや階段の設置、電車とホームとの段差解消などのバリアフリー化工事や知立方面へのホーム延伸がおこなわれている。

刈谷駅南にあった刈谷工場。三河鉄道時代の1914（大正3）年に開設され、1960（昭和35）年頃から貨車専門工場になっていた。1968（昭和43）年に貨物取り扱いの減少により、廃止された。
1958.2　Si

刈谷駅に停まるモ1061（元愛電・電6形）ほかの3連。
1958.2　Si

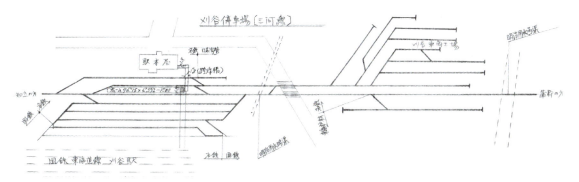

刈谷工場があった頃の1967（昭和42）年の刈谷駅構内配線図

第2章 三河線　127

刈谷で行き違う5500系の快速特急。1966(昭和41)年4月のダイヤ改正で、線内を特急運転する列車に「快速」の看板が掲げられた。
1966.4　Si

到着する列車から眺めた刈谷駅ホーム。跨線橋で東海道本線ホームを結んでいた。1957.9　Si

多くの貨車が留置された貨物扱い末期の刈谷駅に停まるデキ305＋デキ401。1978.1.24　Ha

南北連絡通路の完成でJR駅と改札が分離された刈谷駅を出発する6000系2連。JR線との間にあった貨車の留置線は撤去されている。2010.9.11　Ha

高架化前の刈谷付近を走る3730系3735編成の碧南行急行。
1979.9.18　Ha

高架化前の刈谷〜刈谷市間を走る7300系急行。右の駐車場は1968(昭和43)年に廃止された刈谷工場の跡地である。
1979.9.18　Ha

刈谷駅を出発してJR東海道本線を跨ぎ越す6000系6003編成。用地は複線分用意されているが、線路は単線のままである。
2010.9.11　Ha

重原〜刈谷間を走る3700系3715編成とモ3000形(元三河鉄道デ300形)ほかの4連。
1959.5　Si

第2章 三河線　129

重原駅

　1923（大正12）年4月6日に開業。当初は三河三弘法の縁日の日だけ停車する臨時駅だったが、1926（大正15）年2月5日の電化に伴い常設駅になった。
　2面2線のホームがあり、1976（昭和51）年4月11日に重原～知立間2.1kmが複線化されている。1979（昭和54）年12月22日に無人化され、駅集中管理システムの導入にあわせ2005（平成17）年9月14日に駅舎が改築されている。2022（令和4）年10月8日から知立駅周辺の連続立体交差事業にあわせ、知立付近が単線化されている。

重原駅駅舎。1966.8.1　Kr

複線区間ですれ違う貨物列車。刈谷に向かうデキ401牽引の貨432レと刈谷を発車したデキ602牽引の貨45。
1978.12.4　Ha

重原～知立間は1976（昭和51）年4月に複線化された。重原で行き違う3700系。
1978.1.24　Ha

東海道新幹線をアンダーパスして知立に向かう1800系4連。この頃、1000-1200系一部特別車特急の増結用一般車として製造された1800系と1850系は、昼間帯の運用として三河線と津島線を結ぶ直通急行として使用されていた。現在、この付近を国道23号知立バイパスが走っている。1994.9.25　Ha

知立～重原間を走る3780系。HL車で唯一の冷房車で、栄町開業で瀬戸線に転属した。後ろは知立西小学校で、この付近は知立新地ドリームパークの公園となっている。1977.12.8　Ha

重原を通過して知立に向かう貨物列車。前方に東海道新幹線が見える。知立でスイッチバックするため、前後に機関車が付けられている。1978.12.4　Ha

稲刈り真っ盛りの知立～重原間を走るデキ401とデキ376がトップ＆テイルについた貨物列車。1975（昭和50）年9月の知立駅の貨物短絡線が廃止後は、知立駅でスイッチバックするため、刈谷～三河知立間は電気機関車が前後について運転された。
1977.10.7　Ha

知立〜重原間を走る3400系の碧南行。1993(平成4)年の鉄道友の会エバーグリーン賞受賞を契機に登場時の濃淡グリーンに塗り分けられた後は、三河線への直通列車にも使用された。都市化により、沿線に中層の住宅の建設が進む。
1994.9.25　Ha

知立駅

名古屋本線と三河線の連絡を改善するため、1959（昭和34）年4月1日に三河線知立駅を移転して新設された。ホームは3面5線で、1番線は留置線のため、2〜4番線が三河線用である。新しい知立駅設置で三河線列車は知立でスイッチバックするようになり、三河線のキロ程が0.7km増加して64.8kmとなった。新しい知立駅開設まで三河知立と重原を直線で結んでいた線路は貨物列車用として使用されていたが、1975（昭和50）年9月に廃止となり、貨物列車は前後に機関車をつけ、刈谷〜三河知立間を運転するようになった。2028（令和10）年度を完成予定とする駅周辺の連続立体交差事業に伴い、2015（平成27）年2月28日から仮ホームに移行しており、2027（令和9）年度に三河線は3階ホームに移行して、2面2線になる予定である。

高架化工事が始まる前の知立駅。2006.2.27　Ha

1966（昭和41）年4月のダイヤ改正で運転が始まった「快速」の看板を掲げて三河線内を特急運転する5200系と3730系。この頃、名古屋本線には毎時2本の直通列車が運転されていた。1966.4　Si

豊田新線で運転前に、三河線で試運転と営業運転が行われた100系。「豊田新線用新造車両」の板が掲げられている。1978.12　Ha

知立を出発し、碧南に向かう3400系の快速特急。1966.4　Kr

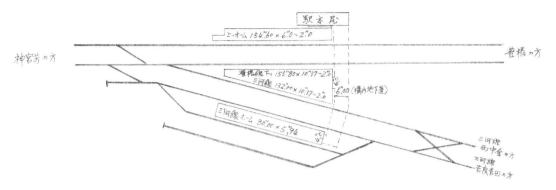

1967（昭和42）年の知立駅構内配線図

知立駅移転前の名古屋本線知立（後の東知立/1968（昭和43）年1月7日廃止）駅から三河線重原方面を望む。この路線は新しい知立駅開設後は貨物線として使用されていたが、1975（昭和50）年9月に廃止されている。
1955.12 Si

知立駅移転に伴い、三河線から新しい知立駅への線路が新設されている。
1959頃 Km

名古屋本線の知立（後の東知立）駅北側で名古屋本線をくぐり、重原に向かうモ1101＋ク2151＋モ1086。モ1101は1928（昭和3）年に伊那電気鉄道のデハ110を購入し、デ200形201にした車両で、車体長15.9mの木造車である。
1958.3 Si

第2章 三河線　135

知立〜重原間を走る3700系3701-3702＋3710-2710の4連。1957(昭和32)年に登場した鋼体化HL車である3700系の最初の2本はAL車と性能をあわせるためMc-Mcの全電動車編成だったが、翌年の鋼体化からMc-Tc編成となった。
1958.3　Si

三河線から名古屋本線への直通列車。知立駅移転後の撮影で、1時間に1本が碧南から名古屋本線に直通した。種別板に特急を掲げているが、三河線内は各駅に停車した。
ク2503-モ3503
1959.5　Si

知立〜重原間を走るデキ300形牽引の重量物輸送のため大物車(シキ)。トヨタ自動車の工場に変圧器を輸送した戻りだろうか。
1959.8　Si

三河知立（旧・知立）駅

　1915（大正4）年10月28日に刈谷新（現・刈谷）〜知立（現・三河知立）間開通に伴い開業。1920（大正9）年7月5日に土橋まで延伸されている。1926（大正15）年2月5日に電化された。

　かつての東海道の宿場町で、碧海郡役所もあった知立の玄関駅であり、愛知電気鉄道の岡崎線建設にあたっては当駅に乗り入れる計画であったが協議がまとまらず、愛知電気鉄道は1923（大正12）年6月1日の西岡崎延伸にあたって交差地点にホームを設けて新知立（後の東知立）を設置。知立と徒歩連絡した。1941（昭和16）年6月1日の名古屋鉄道と三河鉄道の合併により、同年8月1日に新知立は知立と改称して同一駅となり、100mの連絡通路で結んだ。以後、移転まで、三河線の知立駅は社内ではB知立と呼ばれることもあった。

　貨車連絡のため、1928（昭和3）年6月1日には、愛知電鉄の豊橋線に設けられた知立分岐点から知立駅を結ぶ知立連絡線が開業している。知立連絡線は1982（昭和57）年9月30日の名古屋本線内の貨物営業廃止を経て、1984（昭和59）年4月1日に廃止されている。同時に駅も無人化された。

　1959（昭和34）年4月1日に新しい知立駅開業に伴い、三河知立と改称。旧・知立駅当時は2面3線のホームがあったが、三河知立改称後は島式ホームの1面2線となった。1965（昭和40）年9月1日に貨物営業が廃止されている。

　知立駅付近連続立体交差事業に伴い、2024（令和6）年3月16日に約900m豊田市方に施設された。

三河知立駅駅舎。1961.10　Si

1959（昭和34）年の移転前の知立駅。名古屋本線の知立（後の東知立）駅から三河線の知立（後の三河知立）駅を望む。1959.3.20　Kr

移転前の知立駅に停車中の玉津浦行のAL車4連。当時、新須磨と並び人気があった玉津浦の海水浴場に向けた海水浴臨時列車で、AL車が使用されていることから、おそらく名古屋本線からの直通列車。ひょっとしたら海水浴場への至近である玉津浦臨港線まで直通運転されたのかもしれない。右の階段は、名古屋本線の知立駅への連絡通路。
1956.8　Si

3700系が登場した1957(昭和32)年9月の移転前の知立駅三河線ホーム。ホームは2面3線だった。
1957.9　Si

登場直後の3700系がならぶ知立駅三河線ホーム。3701編成と3703編成はいずれもMc-Mcの全電動車編成である。
1958.5　Si

豊田市方面から知立に到着するデキ370形379牽引の貨物列車。1925（大正14）〜1929（昭和4）年に愛知電鉄が9両導入したデキ370形の最初の2両は米ボールドウィン製で、ポールとパンタグラフを装備し、600Vと1500Vの複電圧仕様だった。
1958.3　Si

三河知立に到着するデキ600形牽引の貨物列車貨42レ。美合への貨物がないときには、三河線内は機関車を両端に付けて運転された。
1981.6.7　Ha

三河知立で行き違う7700系。2001（平成13）年の三河線ワンマン化に伴い、7700系は2連×8本の全車がワンマン改造されて三河線に転属し、2010（平成22）年まで活躍した。7711編成は、パノラマカーの引退にあわせた「ありがとうパノラマカーイベント」で2009（平成21）年7月に特急車のシンボルである白帯を復活させ、2010（平成22）年3月21日の7700系さよなら運転に使用された。
2010.2　Ha

三河八橋〜三河知立間を走る豊田新線用100系の三河線急行。三河線の100系は、豊田新線開業前の慣らし運転で1979（昭和54）年1月から運行された。1979.1.16　Ha

同地点の3650系モ3652-ク2652。現在、この付近に衣浦豊田道路が建設されている。
1978.12.26　Ha

同地点のク2654-モ3502。1978.12.26　Ha

同地点を走るデキ300形305が牽引しデキ400形が後部についた貨物列車45レ。1979.1.16　Ha

第2章 三河線　141

三河八橋駅

　1920（大正9）年7月5日に三河鉄道の知立〜土橋間10.5km開通に伴い開業。八橋は知立の地名だが、駅舎は豊田市内にある。1961（昭和36）年5月11日に貨物営業が廃止され、1963（昭和38）年10月16日に駅舎が改築されている。

　2001（平成13）年6月16日の駅集中管理システム導入により無人化された。2009（平成21）年12月12日に当駅付近の1.8kmが高架化され、島式1面2線の高架駅となり、あわせて高架橋部分の三河知立方面へ500mほどが複線化されている。

三河八橋駅駅舎。1966.7.10　Kr

三河八橋駅のモ3101＋ク2154。モ3101は元国電のデロハ6130で、伊那電気鉄道でモユニ2005となっていた車両を1940（昭和15）年に購入し、木南車輌で鋼体化改造してデ400形になった。名鉄合併後にモ3100形と改番され、1966（昭和41）年に制御車化されてク2100形となり、1973（昭和48）年まで瀬戸線で活躍した。
1958.2　Si

高架化の仮線時代の三河八橋で行き違う1600系と6000系。1600系は引退前の撮影会イベントでの入線である。
2008.7.13　Ha

三河八橋で行き違う100系。豊田新線開業前に1979（昭和54）年1月1日から三河線で慣らし運転が行われた。
1979.5.23　Ha

高架化された三河八橋に停車する6000系。
2010.2.13　Ha

高架化された三河八橋に到着する7700系。高架化にあわせて駅の南約500mが複線化された。7700系は引退を控え、「今までありがとう」の看板が付けられている。
2010.2.13　Ha

高架化前の下写真とほぼ同地点を走る3400系。現在、この場所付近に伊勢湾岸自動車道が建設されている。
1994.9.25　Ha

三河八橋の北を走る登場直後の3700系2連。1959.4　Si

若林駅

　1920（大正9）年7月5日に三河鉄道の知立～土橋間開通に伴い開業。1962（昭和37）年9月に駅舎が改築され、1965（昭和40）年1月1日に貨物営業が廃止されている。

　2001（平成13）年6月30日に駅集中管理システムが導入され、2021（令和3）年2月1日より終日無人化された。当駅付近2.2kmを高架化することになり、2023（令和5）年5月に仮線に移行しており、2026（令和8）年3月に待避線が設置可能な高架駅に移行する予定である。

若林駅駅舎。
1966.7.10　Kr

若林～三河八橋間の豊田市立若園小学校付近を走るデキ402牽引の貨物列車貨42レ。
1979.1.16　Ha

竹村駅

　1920(大正9)年7月5日に三河鉄道の知立〜土橋間開通に伴い開業。1961(昭和36)年5月1日に貨物営業を廃止、1963(昭和38)年頃に駅舎が改築されている。地区名は「竹町」であるが、町名変更の折に駅名改称をしなかったためか、駅名は「竹村」となっている。
　1面2線の島式ホームで、構内踏切の関係から右側通行になっている。2001(平成13)年6月30日に駅集中管理システムが導入され、無人化された。

竹村駅駅舎。1966.7.10　Kr

竹村で行き違う3800系3830編成と3700系3711編成。構内踏切があるため、右側通行となっている。
1979.1.4　Ha

竹村で行き違う3700系3712編成とシキを連結した貨物列車。
1959.8　Si

竹村に到着するモ1075(元愛電・電6形)ほか2連。1958　Si

竹村駅北のカーブを走る
3700系モ3716編成
1958. Si

同地点を走る100系を
使用した三河線急行。
1979.1.4 Ha

竹村駅北にある蓮畑の横を走る6000系6005編成。2011.7.3 Ha

土橋駅

1920（大正9）年7月5日に三河鉄道の知立〜土橋間開通に伴い開業。同年8月31日には猿投まで延伸されている。駅舎は1959（昭和34）年の伊勢湾台風で被災後、再建され、1995（平成7）年3月16日に乗務員合宿所付きの建物に再改築されている。トヨタ自動車工業元町工場竣工1年後の1960（昭和35）年8月に、工場まで3kmの専用線が設けられた。

元町工場への専用線は1974（昭和49）年6月1日に休止され、貨物輸送も1984（昭和59）年1月1日に廃止されている。現在は6両編成対応の2面3線のホームのほか、4線の側線があり、夜間は豊田線用車両の車両留置がおこなわれている。近くに元町工場があって混雑が激しいことから、2010（平成22）年3月27日に南北自由通路を備えた橋上駅舎が竣工した。

土橋駅駅舎。1981.10　Ha

土橋に到着したデキ600形602牽引の貨物列車貨43レ。
1981.10　Ha

さよなら運転で三河線を走る1600系。三河線での1600系の運転は、この時だけである。
土橋〜竹村　2008.7.13　Ha

全車特別車の1600系を一般車併結編成の1700系＋2200系への改造をひかえ、さよなら運転の撮影会で土橋に入線した1600系。2008.7.13　Ha

コラム 客車改造車両

　三河線の木造車を見ると、名鉄車両の外観とは大きく異なった客車のような車両が少なくないことに気が付く。これが本稿で紹介する客車改造車両である。
　客車改造車両は、軍需輸送による車両不足を補うため、鉄道省や他社から客車を購入して改造した車両で、種車となった客車には、明治時代に製造された車両もあった。他社から客車を購入したのは三河鉄道が始まりで、挙母線沿線に開設されたトヨタ自動車工業の工場の操業開始により、工員輸送など輸送需要が大幅に増加したためで、三河鉄道の名古屋鉄道への合併後も、戦時輸送への対応で客車の導入が行われている。
　こうした客車改造の車両は全部で8両あり、当初は付随車として使用し、後に運転台を付けて制御車(電動車も1両ある)にした。木造車両であることから車体下部にトラス棒のある古めかしい外観であるが、昭和30年代末期まで使用され、廃車後の台車等の機器は車体更新のHL車に転用された。

ク2120形2121
(←サ2120形2121←サハフ31形31)

　1939(昭和14)年に筑波鉄道(後の関東鉄道)から購入した車長16.5mの大型の木造車で、客車であるが外観は電車型である。1927(昭和2)年製のナハフ101を付随車サハフ31として使用し、名鉄合併後の1951(昭和26)年7月に1500V用HL制御車ク2120形2121となった。前面に貫通扉が設けられている。三河線で主に元三河鉄道デ400形のモ3101と組んで使用され、1958(昭和33)年に瀬戸線に移り、外版に鉄板を張って補強して1965(昭和40)年まで使用された。

1958.2　挙母　Kr

モ1090形1091(←デ150形151←サハ21形21)

　1940(昭和15)年に筑波鉄道(後の関東鉄道)から購入した車両。ク2120形同様、車長16.5mの大型の木造車で、1927(昭和2)年製のナロハ203。付随車サハ21を経て、すぐに1500V用のHL車として電動車化が行われ、モ1090形1091になった。購入した客車改造の電動車は、この車両が唯一である。ク2120形2121と同系であるが、扉位置は大きく異なっている。鉄板で外板を補強して使用され、1958(昭和33)年に廃車になった。

ク2130形2131.2132
(←サ2130形2131.2132←サハフ35,36)

　1939(昭和14)年に国鉄から購入した車両で、1901(明治34)年名古屋工場製のホハユ3150形3186,3187が前身。サハフ35,36として使用し、名鉄合併後にサ2130形2131.2132となり、1951(昭和26)年7月に1500V用HL制御車としてク2130形2131,2132となった。1958(昭和33)年に各務原線に移り、1965(昭和40)年まで使用された。

1958.2　挙母　Si

1965.3　犬山　Si

ク2140形2141
(←サ2140形2141←サハフ41)

　1909（明治42）年製造の国鉄ナユニ5360形で、1940（昭和15）年に購入後、三河鉄道刈谷工場で車体を新造し、サハフ41とした。名鉄合併後にサ2140形2141となり、1951（昭和26）年7月に制御車に改造され、ク2140形2141となった。1964（昭和39）年にHL車の鋼体化で廃車となった。

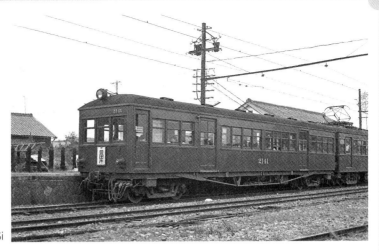

1964　大樹寺　Si

ク2070形2071
(←サ2070形2071←サ2070形2071)

　1940（昭和15）年に国鉄から購入した車両で、1898（明治31）年四日市工場製のホユニ5070が前身。サ2070形として使用の後、1942（昭和17）年に制御車化してク2070形2071となり、1963（昭和38）年まで使用された。

1959　神宮前　Si

ク2090形2091（←サ2090形2091）

　1940（昭和15）年に国鉄から購入した1902（明治35）年新橋工場製の荷物車ホニ5910が前身。サ2090形2091として使用の後、1942（昭和17）年に制御車化してク2090形2091となり三河線で使用され、1958（昭和33）年に600V用となって各務原、小牧線で使用の後、1964（昭和39）年に廃車となった。

ク2210形2211（←サ2210形2211）

　元成田鉄道の木造客車ホハ3で、1926（大正15）年7月に汽車会社製の3扉木造ボギー車。1944（昭和19）年に購入し、サ2210形2211として使用の後、1951（昭和26）年7月に制御車に改造され、ク2210形2211となった。台車は国鉄客車に使われたTR13を付けていた。1964（昭和39）年に廃車になった。

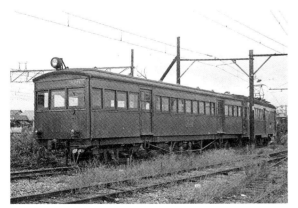

1960.8　新那加　Si

1960　挙母　Si

第2章 三河線　149

上挙母駅

　1920(大正9)年8月31日に三河鉄道の土橋〜上挙母間2.7km開通に伴い開業。同年11月1日に挙母まで延伸されている。1929(昭和4)年12月18日には、岡崎線(後の挙母線)上挙母〜三河岩脇間6.4kmに伴い、2面4線のホームを持つ分岐駅となった。

　1961(昭和36)年5月11日に貨物営業が廃止となり、1963(昭和38)年8月1日に2面3線に配線変更し、中線を挙母線の発着線とした。1973(昭和48)年3月4日に挙母線上挙母〜大樹寺間11kmは廃止され、ホームは1面2線となり、豊田線車両の発着があることから、後

上挙母駅駅舎。1966.7.3　Kr

に6両編成対応に延伸された。2001(平成13)年6月30日に駅集中管理システムが導入され、無人化された。駅舎は開業時のものが現在も使用されている。

2面4線時代の上挙母駅に停まる1923(大正12)年製の元愛電附2形であるク2012ほか。ク2012は一時郵便室を設けてクユ2012と付番されていたことがあり、その名残として郵便室部分の白帯が残っている。
1959.4　Si

1963(昭和38)年8月1日に2面3線に配線変更した挙母駅。中線が挙母線ホームでク2141ほか4連が停車している。ク2141は、三河鉄道が1940(昭和15)年に1909(明治42)年製の国鉄ナユニ5360形を購入し、刈谷工場で車体を新造してサハフ41とした車両で、1951(昭和26)年に制御車に改造された。1964(昭和39)年に廃車となっている。1964　Si

上挙母駅に並ぶ3730系。真ん中の線路が挙母線用。1966　Kr

豊田市(旧・挙母)駅

1920(大正9)年11月1日に三河鉄道の上挙母〜挙母間1.8km開通に伴い開業。1922(大正11)年1月17日には越戸まで3.4kmが延伸されている。1959(昭和34)年1月1日に挙母市が豊田市と改称されたことから、同年10月1日に駅名も「豊田市」となった。1960(昭和35)年12月1日に貨物営業が廃止され、翌1961(昭和36)年7月24日の駅ビル(トヨビル)竣工によりホームは島式の1面2線となり、駅機能を地下化して構内踏切を廃止している。

1979(昭和54)年7月29日の豊田新線開業により、豊田新線列車の発着駅となった。1985(昭和60)年11月1日に高架駅の新駅舎が使用開始となり、12月1日に上挙母〜梅坪間3.4kmが単線高架化。翌1986(昭和61)年10月1日に豊田市〜梅坪間1.4kmが複線化され、ホームは2面3線となった。1987(昭和62)年3月21日に高架下商店街のトヨタプラザが開業している。1988(昭和63)年10月には愛知環状鉄道の新豊田駅とペデストリアンデッキで結ばれた。

1998(平成10)年6月24日に駅がリニューアルされ、自動改札機、自動券売機が増設された。2003(平成15)年10月1日に駅集中管理システムが稼働開始し、猿投、土橋、日進を除く三河線、豊田線全駅の管理駅となった。

豊田新線開業の装飾が取り付けられた豊田市駅。1979.7.17 Ha

旅客用ホームは島式1面の挙母駅に停車中のモ3100形と登場したばかりの3700系。モ3100形は元伊那電のモユニ2005を1940(昭和15)年に購入し、車体を鋼体化してデ400形とした車両で、1966(昭和41)年に制御車化されて瀬戸線に転属した。1958.2 Si

トヨビルができる前の挙母駅に到着するク2239+モ1080形。ク2239は1941(昭和16)年にモ650形と同形状の木造車体を自社新川工場で製造したク2100形2101で、1948(昭和23)年の付随車化でサ2101、翌年モ650形を付随車化したサ2230形に形式変更されてサ2239となり、1953(昭和28)年の制御車化でク2230形2239となった。1958.2 Si

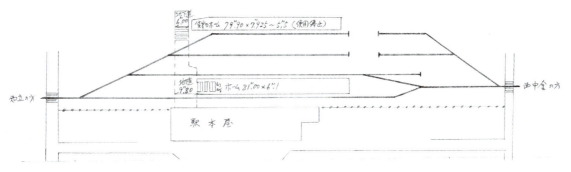

1967(昭和42)年の豊田市駅構内配線図

第2章 三河線 151

豊田市駅に停まるク2342＋モ3300形の挙母線特急。挙母線特急は豊田市まで運転され、大樹寺を結んだ。ク2340形は元愛電のデハ3600形でモ3350形を経て1965（昭和40）年に制御車化されてク2340形になった。翌年、車体は北陸鉄道に譲渡された。1966　Kr

梅坪から地平時代の豊田市に到着する3700系ク2702-モ3749の三河線列車。豊田新線開業後も豊田市〜梅坪間の高架化は遅れ、1985（昭和60）年12月1日にまず単線で高架化された。1982.4.17　Ha

地平時代の豊田市駅で三河線の3700系と行き違い、豊田新線に向けて発車する100系。1982.4.17

1987（昭和62）年3月21日に5300系5302編成で運転された豊田高架完成記念の祝賀電車。この後、回送で豊田線の黒笹まで運転されている。Uc

地平時代の豊田市を発車する100系の知立行急行。豊田新線開業前の慣らし運転で1979（昭和54）年1月から三河線で運行された。豊田市駅は1985（昭和60）年12月1日に高架駅となった。1979.2.12　Ha

梅坪駅

1922（大正11）年1月17日の三河鉄道挙母～越戸間開通から遅れ、1923（大正12）年10月26日に開業。駅前に開駅記念碑が建てられている。豊田新線開業を控え、1977（昭和52）年12月25日に貨物営業を廃止。旧駅は現在の豊田線と三河線の分岐部付近にあり、1979（昭和54）年3月27日の梅坪付近1.3kmの高架化により、0.2km豊田市側に移設された。同年7月29日には豊田新線が開業し、分岐駅となった。1985（昭和60）年12月1日に上挙母～梅坪間3.4kmが高架化され、翌1986（昭和61）年10月1日に豊田市～梅坪間1.4kmが複線化されている。

2003（平成15）年10月1日に駅集中管理システムが導入され、無人化された。

高架化で移転前の梅坪駅。1966.7.3　Kr

越戸と梅坪の間の篭川の鉄橋を渡る。この橋梁は、1996（平成8）年の高架化に伴い、架け替えられている。1977.12.8　Ha

梅坪駅前にたつ開驛記念碑。2019.8.6　Fu

1979（昭和54）年7月29日の豊田新線開業を前に、3月27日に梅坪付近が高架化された。手前の空き地が旧駅跡。1979.7

越戸駅

　1922（大正11）年1月17日の三河鉄道挙母〜越戸間開通に伴い開業。当初、計画路線の終着駅で、ここまでの開業を目指したのは、越戸鉱山での珪砂や耐火性に優れた木節（キブシ）粘土の輸送が目的だった。1924（大正13）年10月31日には猿投まで延伸されている。1970（昭和45）年8月16日に無人化されたが、1984（昭和59）年1月1日に廃止になるまで貨物営業がおこなわれ、越戸鉱山の粘土を出荷していた。島式ホームに側線1本の構造であるが、島式ホームの1線は貨物用で旅客用は1線だけであった。

　1990（平成2）年10月1日に行違い設備を復活し、1999（平成11）年7月3日に高架化して、6両編成対応の2面2線のホームとなった。2003（平成15）年10月1日に駅集中管理システムが導入された。

越戸駅駅舎。1966.7.3　Kr

越戸駅には越戸鉱山からトロッコの路線が延びていて、鉱山から掘り出された粘土を乾燥させた粘土板を貨物線横の倉庫まで運び、貨車への積み込みが行われていた。
1976.6.14　Tk

平戸橋に向けて築堤を登るHL車の4連。モ3758-ク2758＋モ3742-ク2742。1994.9.25　Ha

桜が満開の越戸〜平戸橋間の築堤を走るデキ400形牽引の貨42レ。1979.4.10　Ha

秋空の元、平戸橋に向けて築堤を登る6000系2連。1993.9.25　Ha

第2章 三河線　155

越戸〜平戸橋間の築堤を走る復刻塗装の3400系。1994.9.25　Ha

平戸橋駅

　1924（大正13）年10月31日の三河鉄道越戸〜猿投間2.3km開通に伴い開業。越戸ダムあたりの矢作川は勘八峡と呼ばれた観光名所で、三河鉄道も誘客を図っている。戦前には貨物営業がおこなわれていたが、1943〜44（昭和18〜19）年頃に廃止されている。1面1線のホームで、1967（昭和42）年4月1日に無人化された。2003（平成15）年10月1日に駅集中管理システムが導入された。

平戸橋駅駅舎。1966.7.3　Kr

桜が満開の平戸橋に到着する3730系3742編成。1993.4.11　Ha

平戸橋に到着する6000系2連。1993.4.11　Ha

平戸橋を発車した7700系。1983（昭和58）年3月より特急専用車に改装され、白帯車化されていたが、1991（平成3）年からの一般車と指定席車を併結した1200系特急専用車の登場により指定席車としての運行から次第に外れ、徐々に白帯を外して一般のローカル運用に使用された。2001(平成13)年の三河線ワンマン化に伴い、2連×8本が全車ワンマン改造され、2010（平成22）年まで活躍した。2010.2.20　Ha

平戸橋に到着する復刻塗装の3400系2連。エバーグリーン賞の受賞を記念して登場時の濃淡グリーンに変更し、三河線でも運転された。1994.8.9　Ha

第2章 三河線

猿投駅

1924（大正13）年10月31日の三河鉄道越戸～猿投間2.3km開通に伴い開業。1926（大正15）年2月5日には大浜港～猿投間全線が電化されている。1927（昭和2）年8月26日に枝下まで延伸された。開業に際して駅の土地は名古屋の実業家の井上徳三郎が寄付しており、1932（昭和7）年11月には駅舎も改築して寄付している。

貨物扱いがあり、ホームは島式の1面2線であったが、貨物扱いは1984（昭和59）年1月1日に廃止された。豊田新線開業にあわせ猿投検車区（現・猿投検車支区）設置のため、1979（昭和54）年6月10日に大幅な配線変更がおこなわれて4両対応の1面2線のホームに側線が5線（うち検車区線は2線）となった。豊田線の6両組成化に伴い、1993（平成5）年3月31日に検車区の留置線が6両に拡幅されている。同年9月1日に3代目の駅舎が竣工した。

猿投～西中金間は1985（昭和60）年3月14日に架線を撤去してレールバスのLEカーに置き換えられたが、2004（平成16）年4月1日に廃線となっている。駅集中管理システムの導入により、2023（令和5）年7月1日から完全無人化された。

猿投駅駅舎。1966.7.3　Kr

構内改良前の猿投を出発するデキ400形401牽引の貨42レ。1977.10.7　Ha

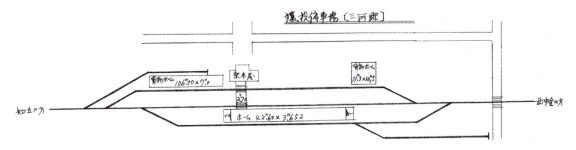

1967（昭和42）年の猿投駅構内配線図

豊田新線開業にあわせ、猿投駅構内は大幅に配線変更がおこなわれ、100系を検査する猿投検車区が設置された。
1979.7.28　Ha

三河御船駅（廃止）

1927（昭和2）年8月26日の三河鉄道猿投～枝下間4.4kmの開通に伴い開業。1943（昭和18）年頃までは貨物営業をおこなっていた。ホームは1面1線で駅舎もあって駅員が配置されていたが、1952（昭和27）年11月28日に無人化され、駅舎も1966（昭和41）年頃に撤去されている。1985（昭和60）年3月14日に電気設備が撤去されてLEカーの運転になり、路線廃止に伴い2004（平成16）年4月1日に廃止となった。

三河御船駅駅舎。1966.7.3　Kr

最終日の三河御船駅に到着するキハ30形34。2024.3.31　Ha

満開のしだれ桜に見送られて最後の運行を行うLEカー。2004.3.31　Ha

名鉄沿線とは思えない荒涼たる景観の中を走る昭和20年代末期の三河御船～枝下間。車両はいずれも戦時輸送への対応のため導入した客車から改造したモ1091＋ク2091。モ1090形1091は1927（昭和2）年製の筑波鉄道ナロハ203を1940（昭和15）年に購入し電動車化、ク2090形2091は1902（明治35）年新橋工場製のホニ5910を1940（昭和15）年に鉄道省から購入して制御車化した車両である。1953頃　Sa

30年後の同地点を走る3730系3735編成。1985.3.10　Ha

第2章 三河線　163

三河御船〜枝下間を走るキハ20形24。この付近に東海環状自動車道が建設されている。2004.2.11　Ha

三河御船〜枝下間には山間部の景観が広がる。矢作川を望んでデキ600形牽引の貨42レが知立に向かう。
1979.11.24　Ha

枝下駅(廃止)

　1927(昭和2)年8月26日の三河鉄道猿投〜枝下間4.4kmの開通に伴い開業。同年9月17日には三河広瀬まで延伸されている。駅近くで三星粘土(現・東海セラミックス)により煉瓦や土管、三州瓦などの原料となる木節(キブシ)粘土の採掘がおこなわれており、三河鉄道によって高浜港や刈谷駅近くの工場に運ばれた。1面2線の島式ホームと貨物ホームの引き込み線1線があったが、1967(昭和42)年度に行違い設備が撤去されて1面1線のホームと貨物用の引き込み線になり、8月22日に無人化されている。同じ頃、駅舎も撤去された。貨物扱いは1984(昭和59)年1月1日に廃止され、1面1線のホームになった。

　1985(昭和60)年3月14日に電気設備が撤去されてLEカーの運転になり、路線廃止に伴い2004(平成16)年4月1日に廃止となった。

枝下駅駅舎。
1966.7.3　Kr

秋色の矢作川橋梁を渡るデキ400形牽引の貨41レ。1977.12.8　Ha

枝下～三河広瀬間で矢作川を渡るデキ600形とデキ400形がトップ＆テイルで運転された貨物列車の貨42レ。
1983.2.26　Ha

第2章 三河線

矢作川橋梁を渡るデキ400形重連。
1983.10.12　Ha

同地点を走る3730系3750編成。
1985.3.10　Ha

同地点を走るキハ10形2連。1985.4　Ha

三河広瀬駅(廃止)

　1927(昭和2)年9月17日の三河鉄道枝下〜三河広瀬間1.4kmの延伸にあわせて開業。翌1928(昭和3)年1月22日に西中金まで延伸されている。1984(昭和59)年1月1日に廃止されるまで貨物営業がおこなわれており、貨物営業中のホームは島式の1面2線で1線が貨物用だった。貨物廃止後は1面1線となった。同年1月16日に無人化がおこなわれている。

　1985(昭和60)年3月14日に電気設備が撤去されてLEカーの運転になり、路線廃止に伴い2004(平成16)年4月1日に廃止となった。駅舎やプラットホームは保存され、2007(平成19)年10月2日に登録有形文化財に指定されている。

三河広瀬駅駅舎。Ha

西中金に向かう3730系3733編成。この後、広瀬トンネルと力石トンネルを抜けて西中金に到着する。
1985.3.10　Ha

同地点を走るキハ10形16。LEカー運転開始直後は2軸車のキハ10形が使用された。
1985.3.16　Ha

同地点を走るキハ30形32+34。かつて秋に西中金に向けて運転された臨時列車「かえで号」の名称が掲げられている。LEカーの運転に伴い、運転区間の架線や架線柱は撤去された。2004.3.27　Ha

西中金駅(廃止)

　1928(昭和3)年1月22日に三河鉄道三河広瀬〜西中金間2.7kmの開通に伴い開業。1930(昭和5)年に駅舎が建てられている。足助への延伸については追分まで用地を確保して1929(昭和4)年2月10日に工事着手されたが、路盤まで建設したところで金融恐慌の影響や借入金の負担などで三河鉄道の経営が厳しくなって工事が中断され、名古屋鉄道合併後の1958(昭和33)年6月27日に鉄道起業廃止がおこなわれている。

　1面1線の旅客ホームと機回し線1線および貨物ホームがあったが、1963(昭和38)年4月1日に貨物営業は廃止されている。1985(昭和60)年3月14日に電気設備が撤去されてLEカーの運転になり、同年5月1日に無人化。路線廃止に伴い2004(平成16)年4月1日に廃止となった。駅舎やプラットホームは保存され、駅舎は2007(平成19)年10月2日に登録有形文化財に指定され、駅前道路の国道153号の拡幅に伴い2014(平成26)年に曳家で移築され、待合室を豊田市が改装し、地元住民組織が運営する喫茶店「西中金ふれあいステーション」として2015(平成27)年11月14日に営業を開始している。

西中金駅駅舎。1985.4　Ha

次駅に「足助　自動車連絡」と書かれた西中金の駅名標。1983.5.14　Ha

西中金に停まる3730系3745編成。この頃には側線があり、夜間の車両の留置に使用された。1975．Hi

多くのお名残乗車客で賑わう最終日の西中金駅。2004.3.31　Ha

力石トンネルを抜けて西中金に到着する3730系3750編成。
1985.3.10　Ha

足助への延伸が果たせず、線路の行き止まり標識のたつ西中金駅。ここから追分までの区間は、路盤がほとんど完成していた。
1985.3.10　Ha

西中金に到着する3730系3750編成。1985.3.10　Ha

廃止直前の西中金に到着するキハ30形32＋34。架線は撤去されていたが、アングルを組んだ架線柱は残されていた。
2004.3.27　Ha

第3章

挙母線

【上挙母～大樹寺間　11.0km】

　岡崎市内の路面電車を運行していた岡崎電気軌道が足助を目指して建設した郡部線が始まりで、三河鉄道との合併に伴い、挙母（現・豊田市）への連絡を目的に路線が建設されて大樹寺（井田）～上挙母間の路線となった。1937（昭和12）年にトヨタ自動車工業が設立されると、沿線に挙母工場（現・本社工場）の設置を促すなど、存在意義は大きかったが、利用者減と国鉄岡多線の建設により、1973（昭和48）年3月3日限りで廃止になった。

挙母線運行最終日の1973（昭和48）年3月3日に運転されたさようなら電車。大樹寺15時10分発の電車で出発式が行われた。大樹寺　1973.3.3

挙母線小史

　挙母(ころも)線は、三河線の上挙母から岡崎市北の大樹寺まで11kmの路線で、1973(昭和48)年3月3日限りで路線の一部を国鉄岡多線(現・愛知環状鉄道)に譲って廃止となった。

挙母線の成り立ち

　挙母線は、岡崎市内で路面電車を運行していた岡崎電気軌道が、足助への鉄道敷設を計画し、1924(大正13)年12月27日に郡部線として井田～門立(もだち)間6.5kmを開業したことに始まる。開業後は門立終点で足助や挙母町東の九久平(くぎゅうだいら)へのバスや乗合馬車に連絡した。九久平への延伸は1922(大正11)年に免許を得て、1924(大正13)年に工事施工の認可を得ているが、経済界の不況や沿線人口の少なさから着工には至らなかった。

　1927(昭和2)年4月16日に岡崎電軌は三河鉄道と合併し、三河鉄道では自社路線と接続のため、1929(昭和4)年12月18日に本線の上挙母から門立南の三河岩脇まで6.4kmの路線を建設し、挙母(ころも/現・豊田市)と岡崎の間を鉄道で結んだ。途中には、三河豊田、鴛鴨(おしかも)、渡刈、上市場の5駅が設けられた。三河鉄道は架線電圧1500V、岡崎電気軌道は架線電圧600Vであることから三河岩脇～大樹寺間を1500Vに昇圧し、大樹寺で軌道線に連絡した。これに伴い、上挙母～大樹寺間を「岡崎線」と称し、残された三河岩脇～門立間1.5kmは「門立支線」とした。しかし、門立支線は利用者が少なく、1938(昭和13)年5月1日に営業を休止し、翌1939(昭和14)年10月3日に廃止されている。

　三河鉄道では貨物輸送に注力し、1934(昭和9)年3月に大樹寺から日本レイヨン(現・ユニチカ)岡崎工場に約3kmの構外側線を設けて貨物輸送を行った。また、1937(昭和12)年8月に豊田自動織機製作所自動車部から分離独立してトヨタ自動車工業(現・トヨタ自動車)が設立されると、三河鉄道を利用して生産用設備や資材輸送が可能であるため、現在、本社工場のある論地ヶ原の現在地が工場用地として選定された。三河鉄道では1937(昭和12)年12月27日に工場隣接地に三河豊田駅を開設し、工場へ1.1kmの引き込み線も設けている。1938(昭和13)年11月に挙母工場(現・本社工場)が操業を始めると、筑波鉄道などから車両を購入して工員輸送に対応した。

　三河鉄道は1941(昭和16)年6月1日に名古屋鉄道に合併し、上挙母～大樹寺はその岡崎線となった。戦後になって1948(昭和23)年5月16日の東西直通運転の開始を機に全線にわたって路線名の見直しを行い、岡崎線を挙母線と改称した。

大樹寺に停車中のク2140形2141。沿線のトヨタ自動車工業挙母工場が操業を開始すると、工員輸送のため、筑波鉄道や国鉄から数多くの客車が購入された。同車は元1909(明治42)年製造の国鉄ナユニ5360形で、国鉄から1940(昭和15)年に購入して、三河鉄道刈谷工場で車体を新造してサハフ41とし、戦後にサ2140形2141を経て1951(昭和26)年制御車に改造されてク2140形2141となった。
1964　大樹寺、Si

戦後の挙母線

　戦後の運行は普通列車のみで、時間あたり2本が挙母（現・豊田市）まで運転され、朝夕には上挙母（挙母）～三河豊田（1959（昭和34）年10月1日にトヨタ自動車前に改称）間で増発された。トヨタ自動車向けの貨物輸送も多く、道路事情が悪かった1950年代は大型プレス部品や変圧器等の特大貨物も輸送された。工場で発生するプレス屑を聚楽園駅の愛知製鋼へ輸送する貨物列車も運転されていた。

　岡崎市内線とは大樹寺のホームを挟んで接続していた。1962（昭和37）年6月17日に岡崎市内線が廃止になると、岡崎市内への接続はバスに変わり、一旦、駅前に出て乗り換えるようになった。

　鉄道線で特急指向の時刻改正が行われた1966（昭和41）年3月25日には豊田市～大樹寺間で特急の運転が開始され、トヨタ自動車前と一部は岩津にのみ停車して、バス連絡で岡崎市内と豊田市駅間を30分で結んだ。反面、1966（昭和41）年2月に岩津駅、1960年代末には三河岩脇と岩津駅の行違い設備が撤去され、大樹寺～トヨタ自動車前間が一閉塞となり、貨物列車が走るときには普通列車が運休になる時間帯もあった。

　貨物列車は一般貨物がほとんどなく、大工場への原材料輸送がほとんどを占めていた。最盛期には上挙母～トヨタ自動車前間に3往復、上挙母～大樹寺間に3往復（うち不定期1往復）が設定され、大樹寺、岩津、トヨタ自動車前で貨物が扱われていた。大樹寺では日本レイヨン（現・ユニチカ）岡崎工場まで専用線があり、主にタンク車による薬品輸送が行われていたが、岡多線の北岡崎信号場（現・愛知環状鉄道北岡崎駅）からの引き込み線が1971（昭和46）年9月26日に開業したのに伴い、廃止された。

挙母線を走るモ3770系モ3774-ク2744の特急。大樹寺で岡崎市内へのバス連絡をしたため、行先板は岡崎と記されている。当時の特急化施策によって、挙母線列車の約1/3が特急となり、線内はトヨタ自動車前（一部岩津）に停車した。
1966　Kr

廃止に向けて

　1970（昭和45）年10月1日にトヨタ自動車上郷工場からの完成自動車輸送を目的に、まず岡崎～北野桝塚間が開業した岡多線（現・愛知環状鉄道）は、改正鉄道敷設法の1922（大正11）年の改正時に「岡崎ヨリ挙母ヲ経テ岐阜県多治見ニ至ル鉄道」として計画され、瀬戸～稲沢間の瀬戸線と併せて東海道本線のバイパス的な路線として1960年代に建設が具体化した。岡多線の路線計画では挙母線と並行する区間があり、国鉄や工事を行う日本鉄道建設公団と協議の上、名鉄では挙母線をバス化して一部を岡多線の用地に譲渡することで合意した。

　1966（昭和41）年になると関係する自治体に廃止の意向が伝えられ、翌1967（昭和42）年に廃止の申請が出された。岡多線の恩恵を受けない岡崎市北部の岩津、奥殿地区では廃止反対運動が起き、同意までの時間を要したが、1973（昭和48）年2月にバス化が決定した。この間、1972（昭和47）年の三河山間部の集中豪雨と台風6号による矢作川の増水で細川～渡刈間の矢作川橋梁の橋脚が痛み、7月13日～8月9日まで全線で運休している。復旧後も、同橋の上は15km/hの最徐行運転が行われた。

　廃止時には全線で26往復の列車があり、うち8本が特急だった。他に上挙母～トヨタ自動車前間に3往復（休日は2往復）の区間運転があり、貨物はプレス屑を聚楽園にある愛知製鋼へ輸送する列車が上挙母～トヨタ自動車前間で1往復運転されていた。運行最終日は1973（昭和48）年3月3日で、お別れの装飾をした電車が運転され、大樹寺15時10分発の電車で出発式がおこなわれた。

　廃線後は岡多線の工事がおこなわれ、トヨタ自動車前駅付近から北へ1.5kmほどの区間が岡多線の高架となった。貨物線として北野桝塚まで営業していた岡多線が新豊田まで延伸され、旅客営業が行われるのは1976（昭和51）年4月26日である。

挙母線路線図

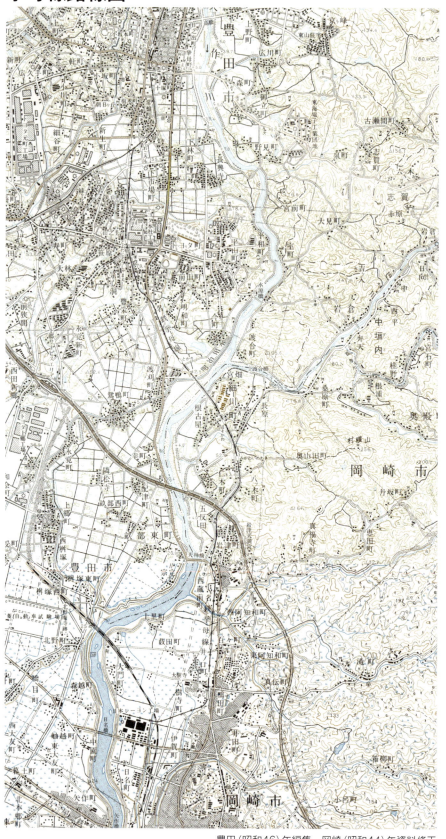

停留場名　駅間距離

上挙母
　　1.9km
トヨタ自動車前
　　2.9km
渡刈
　　0.8km
細川
　　0.8km
三河岩脇
　　2.3km
岩津
　　2.3km
大樹寺

＊細川は開業時は上市場で、1949（昭和24）年12月1日に改称

門立（もだち）支線

1938（昭和13）年5月1日休止
1939（昭和14）年10月3日廃止

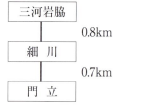

三河岩脇
　　0.8km
細川
　　0.7km
門立

豊田（昭和46）年編集　岡崎（昭和44）年資料修正

トヨタ自動車前駅（旧・三河豊田駅）（廃止）

　トヨタ自動車工業の挙母工場（現・本社工場）建設にあわせて1937（昭和12）年12月27日に三河豊田として開業。挙母工場の建設にあたっては三河鉄道を利用して生産用設備や資材輸送が可能であることが工場立地の選定要因となり、工場まで1.1kmの専用線が設けられ、工場の設備や材料を輸送した。駅名は1959（昭和34）年10月1日にトヨタ自動車前に改称されている。ホームは2面2線で、ラッシュ時には豊田市方面との折り返し運行の列車もあった。1973（昭和48）年3月4日に廃止後は国鉄岡多線（現・愛知環状鉄道）三河豊田駅がほぼ同じ場所に建設されている。

トヨタ自動車前駅駅舎。1973頃

トヨタ自動車前に停まるモ3200形3208。モ3200形は1926（大正15）年に製造された元愛電・電7形で、デハ3080形を経てモ3200形、1964（昭和39）年に電装を解除してク2320となり、1965（昭和40）年に瀬戸線に移って特急車として活躍した。
1959.11　Si

トヨタ自動車前駅に停まる3770系3773編成。
1973頃

渡刈駅(廃止)

　岡崎線建設に伴い1929(昭和4)年12月18日に開業。1面1線の駅で、細川との間には長さ346.1mの矢作川橋梁があった。廃止後、駅周辺の挙母線跡は遊歩道の「挙母線跡緑道」として整備され、残存していたホームを活用して渡刈駅跡という休憩所となっている。

　なお、渡刈〜三河豊田間には路線開通にあわせて開業した鴛鴨(おしかも)駅があったが、戦時下の1944(昭和19)年に休止となり、1969(昭和44)年4月5日に廃止されている。

田園の真ん中にあった渡刈駅。現在、駅周辺の挙母線跡は遊歩道の「挙母線跡緑道」として整備されている。
1968.2.10

細川駅(廃止)

　旧駅名は上市場で岡崎線建設に伴い1929(昭和4)年12月18日に開業。細川駅は門立支線にあったが1939(昭和14)年10月3日に廃止されており、細川の集落に近いことから1949(昭和24)年12月1日に上市場を改称した。ホーム1面1線の駅で、駅員も配置されていたが、1952(昭和27)年11月28日に無人化されている。

細川駅駅舎。1968頃

細川〜渡刈間で矢作川を渡る7300系。7300系は三河線と津島線を結ぶ特急用に、駆動装置を3800系などのAL車から転用し、パノラマカーと同じ車体を載せた車両で、1971(昭和46)年に30両が製造された。
1971.11　Si

三河岩脇駅（廃止）

　岡崎電気軌道と三河鉄道の合併にあたり、岡崎電軌の郡部線と三河鉄道の本線を結ぶため、上挙母からの岡崎線建設に伴い、1929（昭和4）年12月18日に郡部線との接続駅として開業。これに伴い、郡部線として建設された残り区間の三河岩脇〜門立（もだち）間1.5kmは「門立支線」となったが、利用者が少ないことから1938（昭和13）年5月1日に営業を休止し、翌1939（昭和14）年10月3日に廃止されている。

　島式ホームの行違い可能駅で駅員も配置されていたが、1969（昭和44）年8月1日に無人化され、この頃に行違い設備も撤去された。

　なお、岩津〜三河岩脇間には路線開通にあわせて開業した八ツ木駅があったが、戦時下の1944（昭和19）年に休止となり、1969（昭和44）年4月5日に廃止されている。

三河岩脇駅駅舎。1966.7.17　Kr

行違いができた頃の
三河岩脇駅。
1959.4　Si

岩津駅（廃止）

　1924（大正13）年12月27日に岡崎電気軌道の郡部線として井田〜門立間6.5km開通に伴い開業。旧岩津町の中心駅であり、岩津天満宮の参詣駅であることから、駅舎は岩津天満宮の拝殿を模して建てられている。1961（昭和36）年度に貨物営業が廃止、1966（昭和41）年2月12日に行違い設備が撤去され、ホームは1面1線となった。

　なお、大樹寺〜岩津間には路線開通にあわせて開業した百々（どうど）駅があったが、戦時下の1944（昭和19）年に休止となり、1969（昭和44）年4月5日に廃止されている。

岩津駅の拝殿を模して建てられた岩津駅駅舎。
1973.3

第3章 挙母線　179

大樹寺駅(廃止)

1924(大正13)年12月27日に岡崎電気軌道の郡部線として井田〜門立間6.5km開通に伴い開業。駅名は徳川家(松平家)の菩提寺である大樹寺に由来する。

岡崎電軌の三河鉄道合併に伴い、大樹寺〜三河岩脇(門立)間を1500Vに昇圧して挙母方面の三河鉄道本線への直通運転を可能にして岡崎線とした。残る大樹寺〜井田間は岡崎市内線と一体運行することになり、大樹寺を乗換駅として整備した。ホームは2面3線で、岡崎市内線は1線を使用した。このため、岡崎市内線が運行していた頃は、構内の架線電圧は600Vだった。また、ユニチカ岡崎工場(現・岡崎事業所)への3kmの引き込み線が分岐しており、タンク車による薬品輸送が盛んに行われていた。ユニチカ岡崎工場への専用線は、岡多線の北岡崎信号場(現・愛知環状鉄道北岡崎駅)からの引き込み線が1971(昭和46)年9月26日に開業したのに伴い、10月1日に廃止されている。

1973(昭和48)年3月4日の路線廃止に伴い鉄道駅としての機能は失われたが、大樹寺駅構内はバスターミナルとなった。

大樹寺駅名標。1966　Si

大樹寺駅駅舎。岡崎市内へのバスに連絡していた。
1966.7.17

大樹寺で並ぶ挙母線のモ1080形(元三河鉄道デ100形)と岡崎市内線のモ63。市内線用の乗り場は階段で低くなっていた。
1962.5　Si

大樹寺で並ぶ挙母線のク2040形2045(元愛電・電5形)と岡崎市内線のモ532。1959.4　Si

挙母線に入った3700系と岡崎市内線の電動貨車デワ10形11。1962.5 Si

大樹寺に到着するモ1080形1081。
1962.5 Si

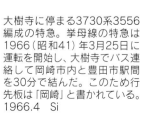

大樹寺に停まる3730系3556編成の特急。挙母線の特急は1966 (昭和41) 年3月25日に運転を開始し、大樹寺でバス連絡して岡崎市内と豊田市駅間を30分で結んだ。このため行先板は「岡崎」と書かれている。
1966.4 Si

廃止直前の大樹寺駅。1973.1.6

挙母線は1973（昭和48）年3月3日の運行を最後に廃止され、大樹寺15時10分発のさよなら電車で出発式が行われた。
1973.3.3

第4章
岡崎市内線
【福岡町〜岡崎駅前〜岡崎井田〜大樹寺間 8.8km】

　1962（昭和37）年6月まで岡崎市内に市民から「市電」と呼ばれた路面電車が走っていた。岡崎市の南の福岡町から岡崎駅前、康生町を経て北の大樹寺まで、市街地を南北に貫く8.8kmの路線で、1898（明治31）年に馬車鉄道として開業した歴史があった。しかし、設備の老朽化やバス化を促進する時代背景をうけて、1962（昭和37）年6月16日限りで廃止された。

最終日の康生町に停車する造花やモール、色電球で装飾した花電車のモ50形62

岡崎市内線小史

「五万石でも岡崎様は‥」と民謡に謡われた徳川家康ゆかりの城下町、岡崎には、1962(昭和37)年6月まで路面電車が走っていた。1899(明治32)年1月1日に馬車鉄道として開業した歴史を持ち、岡崎市南の福岡町から国鉄岡崎駅前を経て市中心部の康生町を通り、1973(昭和48)年3月に廃止になった挙母線に接続する大樹寺までの間、8.8kmの路線だった。

岡崎市内線は、3つの路線から成り立っていた。国鉄岡崎駅と西尾を結び、1943(昭和18)年に休止となった元西尾鉄道の(旧)西尾線を復活した福岡町〜岡崎駅前間、岡崎馬車鉄道由来の軌道線区間である岡崎駅前〜岡崎井田間、そして足助を目指した鉄道線として建設された岡崎井田〜大樹寺間である。本稿では、軌道線区間を中心に、岡崎市内線の歴史を紹介する。

岡崎馬車鉄道時代

1888(明治21)年に開業した官設鉄道(後の国鉄、現・JR)東海道線の岡崎駅は、街の中心部から3.5kmほど南に離れた位置に設けられた。このため、東海道有数の宿場町であった岡崎が鉄道を忌避したように伝えられているが、実際には現在の名鉄名古屋本線が走る本宿を頂点とした御油〜藤川間の勾配を嫌って海岸まわりの線形を採り、極力、岡崎の街に近づけるよう駅を北に設置したようだ。

とはいえ、東海道線が幹線鉄道としての機能を発揮するようになると、駅と街が離れていることに不便を感じるようになる。そこで荷物運送業者の樋口松太郎等により1898(明治31)年2月に岡崎馬車鉄道株式会社が設立され、同年12月28日に岡崎停車場と殿橋の南(是字寺あるいは明大寺町)の間3.3kmが開通し、開業式が挙行された。営業開始は翌1899(明治32)年1月1日だった。軌間は762mmの単線で、10人乗りの客車を馬1頭で牽いた。1907(明治40)年6月22日には、乙川(菅生川)を渡り、殿橋の北まで路線を延長している。しかし、輸送力が小さいことや動力源である馬の排泄物などによる臭気や路面の汚れなどの問題から、電化が行われることになった。

殿橋を渡る馬車鉄道と人力車。
出典：絵はがき　所蔵：Fu

岡崎電気軌道の設立と郡部線の開業

こうして1911(明治44)年10月の臨時総会で社名を岡崎電気軌道(以下、岡崎電軌)として、動力を電気、軌間を1067mmに変更することを決定し、乙川(菅生川)は専用橋で渡ることとして、馬車鉄道を休止して工事が行われた。翌1912(大正元)年9月1日から4両の電車による運転が始められた。(後のモ45形47と戦災復旧車のモ50形59,60はその1〜3。但し、1924(大正13)年に車体の取り替え改造が行われている)1914(大正3)年8月には2両の付随車(5,6)が増備され、菅生まつり(殿橋)、元能見神明宮の祭礼(神宮社)には運転された。

1920(大正9)年には増資を行い、路線の複線化と

殿橋の専用橋を渡る岡崎電軌2。
出典：絵はがき　所蔵：Fu

殿橋〜岡崎井田間の延長を決め、複線化は1922(大正11)年、岡崎井田への2.5kmの路線延長は1923(大正12)年9月8日に完成した。岡崎井田への延伸にあわせ、初のボギー車2両(101,102/後のモ530形531,532)が増備されている。

この頃、三河鉄道が路線免許を得た挙母から足助への延長線に張り合うように、岡崎電軌でも足助への鉄道敷設を計画し、岡崎井田から松平(九久平/くぎゅうだいら)まで10.5kmの免許を得て工事に着手していた。しかし、第一次大戦後の不況による資金難もあって巴川を渡る鉄橋が架けられず、手前の門立(もだち)まで6.5kmを1924(大正13)年12月27日に開業したに留まった。この鉄道線は「郡部線」と呼ばれ、開業時に200形ボギー車2両(後のモ460形461とサ2110形2111)が増備され、軌道区間に乗り入れて運行された。

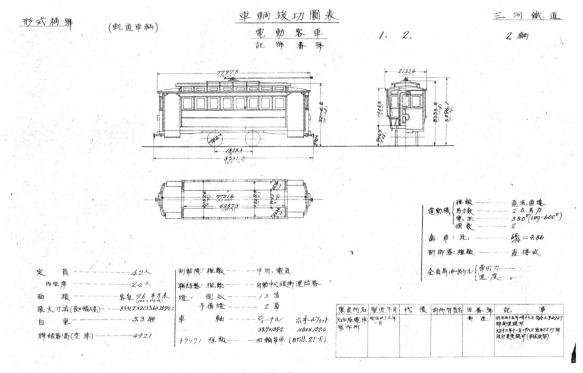

開業にあたり運行された1,2竣工図。(1は後のモ47)　所蔵：Si

三河鉄道時代

1923(大正12)年8月には愛知電気鉄道(以下、愛知電鉄)が岡崎市街地に近い東岡崎まで路線を開業し、300mほどの距離はあるものの、岡崎電軌と連絡した。一方、1924(大正13)年10月に猿投までの路線を伸ばし、さらに1926(大正15)年2月に全線を電化している三河鉄道は、1926(大正15)年10月に挙母〜八事間の鉄道敷設免許を受けた新三河鉄道に出資し、西三河から名古屋への鉄道敷設をもくろんだ。西三河での勢力拡大を狙っていた両社は、岡崎電軌へ合併を働きかけた。1927(昭和2)年4月16日に岡崎電軌は三河鉄道と合併し、岡崎駅前〜岡崎井田間は同社の軌道線となった。

岡崎電軌を合併した三河鉄道では、自社路線と接続させるために1929(昭和4)年12月18日に本線の上挙母から三河岩脇まで6.4kmの路線を建設し、挙母(ころも/現・豊田市)と岡崎の間を鉄道で結んだ。三河鉄道は架線電圧1500V、岡崎電軌は架線電圧600Vであることから三河岩脇〜大樹寺を1500Vに昇圧し、大樹寺で軌道線に連絡した。これに伴い、岡崎井田〜大樹寺間は鉄道線に軌道線車両が運転されることになった。上挙母〜大樹寺間は「岡崎線」(後に名鉄挙母線)と称し、残された三河岩脇〜門立間1.5kmは「門立支線」とした。しかし、門立支線は利用者が少なく、1938(昭和13)年5月1日に営業を休止し、翌1939

第4章 岡崎市内線　185

（昭和14）年10月3日に廃止されている。

この頃、岡崎電軌では貨物輸送の充実を図るため、伊那電気鉄道に電動貨車2両を発注していた。導入は三河鉄道合併後の1928（昭和3）年4月で、1927（昭和2）年松島工場製の電動貨車2両（1,2、後のデワ10形11,12）が入線している。岡崎電軌では1922（大正11）年に貨車を新造して殿橋南にある貨物駅で乙川の舟運などと連携した貨物輸送をおこなっていたが、電車が貨物を牽く形で、このため車両には縦型リンク式の連結器を備えていた。50馬力の電動機2基を備えた強力な電動貨車により、省線の岡崎駅から直接、殿橋まで、省線の貨車を牽引できるようになった。

1930（昭和5）年12月20日に「鉄道敷設法」に記載された岡崎〜多治見間の「岡多線」を鉄道の代行路線と位置づけ、バスによる運行をすることとして、わが国初の省営自動車（後の国鉄バス、JRバス）が誕生した。省営自動車の岡多線は岡崎〜挙母間では16往復を運行し、三河鉄道にとっては強力な競合路線となった。この対策として、この頃、地方の中小私鉄に普及しつつあった軽量で高出力のガソリンエンジンを動力としたガソリンカーを導入し、鉄道線の岡崎線（後の挙母線）に乗り入れる鉄軌道直通運転で大樹寺での乗換をなくし、岡崎市内と挙母間を結ぶことを企てた。ガソリンカーの導入は、変電所を増設せず、列車増発できることから、瀬戸電気鉄道や東京横浜電鉄などの電気鉄道でも実施されている。

そして、日本車両でガソリンカーのキ10形3両（11〜13/後のサ2280形）を新造し、1934（昭和9）年7月17日から岡崎駅前と挙母間で運転した。運行は1時間間隔で18往復運転され、全区間の所要時間は50分程度で、女性車掌を乗せていたという。しかし、1938（昭和13）年11月にトヨタ自動車工業（現・トヨタ自動車）の挙母工場が操業を始めると工員輸送が活発化し、小型のガソリンカーでは対応が難しくなった。このためキ10形は1938（昭和13）年頃に、非電化で1936（昭和11）年に開業していた蒲郡線に移っている。

1935（昭和10）年に愛知電気鉄道と名岐鉄道が合併し、名古屋鉄道が誕生した。1937（昭和12）年に日華

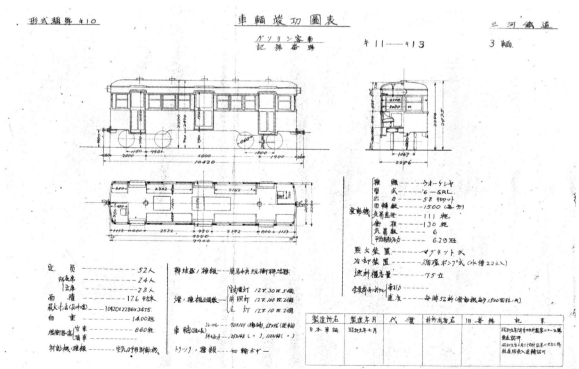

省営バスに対抗して市内線から鉄道線の岡崎線（のちの挙母線）に直通運転したキ10形　　所蔵：Si

事変が勃発すると戦時体制が強まり、交通事業調整法、陸運統制令によって政府主導で交通事業者の統合が進められ、三河鉄道にも名古屋鉄道に合併するよう、再三の勧奨があった。昭和初期、愛知電鉄との合併問題が破綻した三河鉄道は、この時期、業績を回復しており合併には気乗り薄であったが、鉄道省の説得で合同せざるを得ないことを悟り、1941（昭和16）年6月1日に合併している。合併に伴い、軌道線は名古屋鉄道岡崎市内線となり、電動客車11両、電動貨車2両、撒水車1両の14両が引き継がれた。

戦災と福岡線の開業

1945（昭和20）年7月19日夜半から20日未明にかけて、岡崎はB29の空襲に見舞われ、甚大な被害を受けた。市内線は東岡崎駅前と岡崎駅前のほぼ真ん中にあった車庫と殿橋の貨物駅上屋が被災した。車両は14両のうち、2軸単車6両と撒水車が焼失、電動貨車1両が破損した。車両不足を補うため、名古屋市電から急遽譲り受けたのが旧京都市電の8個窓のN電で、モ90形90〜94として5両が運行された。旧京都市電ということで、従業員の間では「本願寺」と呼ばれたという。モ90形は1954（昭和29）年まで稼動し、戦後の復興に大きく寄与した。

戦災を受けた6両（2,3,7,8,9,12）は、戦後、名古屋造船で丸屋根（シングルルーフ）の木製車体を新造し、岐阜市内線の戦災復旧車とあわせモ50形の形式で括られ、59〜64と付番された。戦災復旧車のモ50形は、1954（昭和29）年から1960（昭和35）年に鉄道線用として一時別形式となったモ65形を含め、50〜66の16両（57は岐阜で事故廃車）が岡崎に集結している。

1951（昭和26）年12月1日には、六ツ美地区や福岡町の住民からの要望を受けて、岡崎駅前〜福岡町間の福岡線（全線単線、2.5km）の運転が再開された。この区間は、1911（明治44）年10月に開業した軌間762mmの軽便軌道である西三軌道を起源とし、西尾鉄道を経て1926（昭和元）年に愛知電気鉄道に合併後、西尾線となり、1067mmに改軌、電化されていた。しかし、不急不要路線として鉄軌統制会の指令で1943（昭和18）年12月16日に休止（1959（昭和34）年11月25日に正式廃止）となっていたが、その岡崎新〜土呂（とろ）間を復活、再開したものである。全線新設軌道で、法規上も鉄道扱いであるが、実態は岡崎市内線の延長線で市内線の電車が直通した。

1954（昭和29）年には戦災復興計画に基づき本町通りが拡幅され、4月17日に殿橋〜康生町間0.3kmが複線化されている。

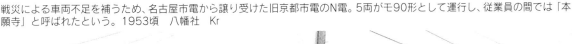

戦災による車両不足を補うため、名古屋市電から譲り受けた旧京都市電のN電。5両がモ90形として運行し、従業員の間では「本願寺」と呼ばれたという。1953頃　八幡社　Kr

市内線の廃止

　第二次大戦の終戦後に、航空機生産の技術や設備がバス製造に転用され、さらにディーゼルエンジンの実用化で高出力・大型のバス車両が登場した。車体もエンジンを車体後部や車体中央の床下に装架した箱形になり、輸送力が高まっていった。新しい車両が続々と投入されるバスは、新しい時代の交通機関という印象を強めていった。一方、路面電車は明治・大正期の小型の車両や設備がそのまま使われている都市もあり、こうした都市では道路が整備されるとバスへの対抗ができなくなっていった。名鉄における路面電車の廃止は1954（昭和29）年6月に一宮の起線が始まりで、バス化の検証をおこなうため、1年間の休止を経て実行されている。

　昭和30年代になると、経済の発展とともに自動車が普及し、慢性的な道路渋滞が起きると道路の真ん中を走る路面電車が邪魔者扱いされた。路面電車は時代遅れの乗り物という論調が広がり、岡崎においても木造電車のままで車両の更新がなく、軌道の改良もなされず、悪い乗り心地がそれを裏付けた。

　この頃、名鉄では老朽化した鉄道線を近代化するのではなく、バスへの置き換えを進めていた。起線に続き1960（昭和35）年3月27日に平坂支線、同年4月22日に岐阜の高富線、1961（昭和36）年7月30日に安城支線が廃止になった。こうした中、岡崎市内線も輸送力の改善が困難なことや軌道の敷かれた旧国道248号（通称：電車通り）が交通輻輳で道路の破損が激しくなったこと、戦災にあわなかった能見町以北の狭い道路上で自動車との接触が多発したことからバスへ置き換える方針が打ち出された。しかし、閑散路線として戦時中に撤去された旧・西尾線の岡崎駅前〜福岡町間復活に際して工費を地元が負担していることもあって、岡崎市は廃止に難色を示した。そこでバス化以降も限定的に電車運賃を踏襲することや、岡崎駅前〜福岡町間はレール撤去後もバス専用道として残すことで市の同意を得ることができ、1962（昭和37）年1月4日に市の同意書を添えて運輸省に電車の廃

廃止にあたり運転されたさようなら電車。屋根上のスピーカーから蛍の光が流された。1962.6　殿橋　Si

最終日の康生町乗車券売り場。1962.6 Si

止とバス化の申請を行った。その結果、5月31日に廃止の認可が得られ、6月16日限りでの廃止が決定した。

6月14日から16日までの3日間、側面に「63年間ありがとう」と記した看板を掲げ、造花やモール、色電球で装飾した装飾電車2両（モ58・62）が終日、全線を走行した。装飾電車の1両には屋根にスピーカーをつけて「蛍の光」を流して走り、多くの市民が別れを惜しんだ。午後11時37分に岡崎駅前に着いた装飾電車を最後に、岡崎市内線は姿を消した。

岡崎市内線廃止時の「名鉄ニュース」には、以下のように電車とバスの比較が書かれ、運転回数の増加、輸送力の増強によって、便利になると記されている。

廃止を告知するポスター 1962.6 Si

- 運転時分（福岡町～大樹寺間）
  電車 37分 バス 30分
- 1日輸送人員
  電車 25,000人 バス 30,000人
- 車両数
  電車 18両（定員44名） バス 22両（定員78名）
- 始発・終発時刻
  電車 始発 5時23分 終発 23時15分
  バス 始発 5時3分 終発 23時30分
- 1日の運転回数
  電車 302本 バス 384本
- 運転間隔
  大樹寺～岡崎駅前間
  電車 朝7分、昼8分、夕7分
  バス 朝3～4分、昼6～7分、夕5分
  岡崎駅前～福岡町間
  電車 朝16分、昼24分、夕20分
  バス 朝7分、昼20分、夕15分

バスの運行は、6月17日から開始された。

第4章 岡崎市内線 189

岡崎市内線路線図

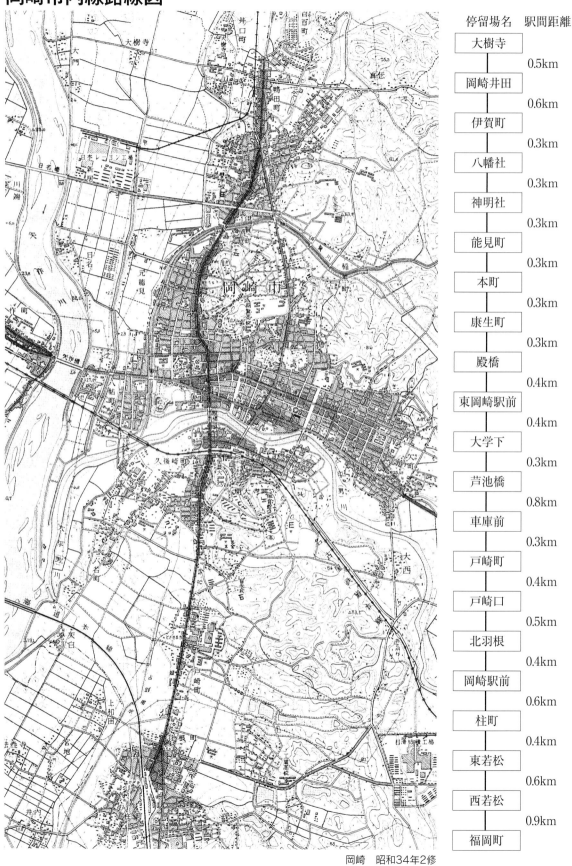

岡崎　昭和34年2修

停留場名	駅間距離
大樹寺	
	0.5km
岡崎井田	
	0.6km
伊賀町	
	0.3km
八幡社	
	0.3km
神明社	
	0.3km
能見町	
	0.3km
本町	
	0.3km
康生町	
	0.3km
殿橋	
	0.4km
東岡崎駅前	
	0.4km
大学下	
	0.3km
芦池橋	
	0.8km
車庫前	
	0.3km
戸崎町	
	0.4km
戸崎口	
	0.5km
北羽根	
	0.4km
岡崎駅前	
	0.6km
柱町	
	0.4km
東若松	
	0.6km
西若松	
	0.9km
福岡町	

福岡町

　1911（明治44）年10月30日に西三軌道（後の西尾鉄道）開業時に開設され、当時の駅名は旧村名にちなんだ土呂だった。愛知電気鉄道の西尾線になった後、1943（昭和18）年12月16日に戦時下の不急不要路線として休止となり、1951（昭和26）年12月1日に地元の要望を受け、岡崎駅前～福岡町間が福岡線として再開された。路線長は2.5kmで、全線が単線。岡崎市内線の車両がそのまま直通してきたが、法規上は鉄道線の扱いである。

　福岡町には旧西尾線の土呂駅を復活させた駅舎や低いながらもプラットフォームがあり、駅舎や駅名標が鉄道線らしい雰囲気を伝えていた。駅には駅員もいて、硬券の乗車券も販売されていた。駅舎は1962（昭和37）年の廃止後もバスの待合所として、1986（昭和61）年まで姿を留めていた。

1951（昭和26）年12月1日の路線再開にあたり、（旧）西尾線の土呂駅の駅舎を復活して使用した。1962（昭和37）年の廃止後もバスの待合所として、1986（昭和61）年まで使用された。1960.5　Si

福岡町に停車するモ50形65。駅舎や駅名標、そして架線に鉄道線らしい雰囲気が漂う。1962.2.25　It

福岡町終点に停まるモ50形64。（旧）西尾線土呂時代の高床ホームが残っている。1959.1.4　Hi

西若松・東若松

　福岡町と岡崎駅前の間には、西若松、東若松、柱町の停留場があった。いずれも、福岡線の復活に合わせて新設された停留場で、低いホームと待合所があった。西若松と東若松の間で東海道本線をアンダーパスし、柱町から岡崎駅前にかけては倉庫が建ち並ぶ間を走っていた。路線廃止後はバス専用道として整備されたが、2016（平成28）年に廃止されている。

西若松のモ40形42。営業休止になった起線から1954（昭和29）年に入線した車両で、名古屋電気鉄道の郊外線用車両であるデシ500形の台枠を使って造られたデシ100形が前身。
1960.5　Si

西若松に停車するモ50形63。停留場は東海道本線をアンダーパスした福岡町側にあった。この付近は廃止後バス専用道路として2016（平成28）年まで使用された。
1960.5　Si

東海道本線をアンダーパスして東若松に向かうモ530形532。
1960.5　Si

東若松〜西若松間の切り通しの中を走るモ40形42。
1960.5　Si

東若松付近を走るモ530形532。
1960.5　Si

岡崎駅前

　福岡線の起点である岡崎駅前の南から線路は併用軌道の複線となり、岡崎駅貨物ホームへの貨車連絡線が分岐していた。岡崎駅の真正面には寄棟づくりで三角形の瓦屋根の市内線の駅舎があり、乗車券や定期券の販売ほか、乗務員の詰め所もあって、ここで交代が行われていた。岡崎駅前の南側には西尾鉄道が大正時代に建設した二代目「岡崎新」駅の西洋建築の駅舎が残り、日本通運の営業所として利用されていたが、昭和40年代に撤去された。

岡崎駅前に停まるモ45形48。1922(大正11)年の複線化による輸送力増強のため製造された岡崎電軌の10号で、モニタ屋根の両端がアーチ型になり、側面の腰板は縦に羽目板を貼った大正時代の標準的な外観の車両だった。三角屋根の建物は市内線の駅舎。
1955.8　Si

岡崎駅前に停まるモ50形61と64。モ50形は岡崎と岐阜で戦災にあった車両を戦後、名古屋造船で車体を復旧した戦災復旧車で、丸屋根が特徴だった。61は7号、64は12号の戦災復旧車。
1955.8　Si

岡崎駅前の南で福岡線の新設軌道から併用軌道に移るモ50形63。日通のマークのある洋風建築の建物は西尾鉄道が大正時代に建設した二代目「岡崎新」駅の駅舎で、1943(昭和18)年の(旧)西尾線休止まで使用された。1955.8　SI

岡崎駅の貨物ホームをバックに、岡崎駅前で折り返すモ45形47。1912(明治45)年製の岡崎電軌の1号で、2段腰羽目など明治時代の外観を残していた。元岡崎電軌の車両と言うことでモ45形に分類されているが、48,49とは外観が全く異なっていた。ちなみに右のバスは、1930(昭和5)年に走ったわが国最初の鉄道省直営の「省営バス」を引き継いだ国鉄バス。1960.5　Si

岡崎駅前を発車するモ530形532と名鉄バス。1960.5　Si

戸崎町・車庫前

　岡崎駅前から、北羽根、戸崎口、戸崎と複線の併用軌道が道路の中央にのびており、停留場に安全島はなく、表示は電柱に赤文字で書かれているだけであった。北羽根から東岡崎駅前の南に至る間の併用軌道の大部分は未舗装で、雨が降ればぬかるみ、晴れれば埃が激しかった。戸崎町には日清紡績戸崎工場への引込線があり、電動貨車が国鉄への貨車を牽引した。車庫前は岡崎市内線の車庫の前が停留場で、建屋は4連のノコギリ屋根となっていた。構内にはポイントがなく、車庫からの線路が大樹寺方面の線路に八の字形につながっていた。電車の移動にはトラバーサーが使用された。

戸崎町に停まるモ50形54。元美濃電気軌道（岐阜市内線）DD44の戦災復旧車である。左に分かれるのが日清紡戸崎工場への引き込み線。1960　Si

戸崎町に停まるモ45形47。1912（明治45）年製の岡崎電軌の1号で、2段腰羽目など明治時代の外観を残していた。モ45形は戦後、空襲に生き残った車両をまとめた形式で、モ45,46は岐阜、47～49は岡崎にあった。こうした経緯から、同じ形式でも明治に製造されたモ47と大正製のモ48、49とは外観が大きく異なっていた。
1959.1.4　Hi

車庫前に停まるモ50形62。停留場に安全島はなく、道路から直接乗り降りし、停留場の表示は電柱に赤地に白文字で記されていた。62は岡崎電軌の8号の戦災復旧車。
1962.2.25　It

4連のノコギリ屋根が印象的な市内線車庫。車庫内にポイントはなく、電車の移動にはトラバーサーが使用された
1962.5　Si

出庫するモ50形62と65。車庫からは八の字形に入出庫線が市内線に結ばれていた。
1960.5　Si

トラバーサーに乗るデワ10形11。1927(昭和2)年に伊那電気鉄道の松島工場製電動貨車で2両(1,2、後のデワ10形11,12)があり、殿橋南にあった貨物駅などと岡崎駅を結んで貨車を牽引した。
1962.5　Si

車庫前で行き違う電動貨車のデワ10形11とモ530形531。2両あった電動貨車は、国鉄岡崎駅からの貨物輸送に活躍した
1962.5　Si

東岡崎駅前

　車庫前と東岡崎駅前の間には、芦池橋、大学下の2停留場があり、芦池橋は愛知学芸大学（現・愛知教育大学）附属岡崎中学校、大学下は愛知学芸大学岡崎校舎の最寄り停留場で学生の利用が多かった。1970（昭和45）年の愛知学芸大学の統合後は、跡地に国立共同研究機構（現・岡崎共通研究施設）が入り、分子科学・基礎生物学・生理学の3研究所で世界的な研究が行われており、2016（平成28）年にはノーベル賞受賞者（大隈良典氏）を輩出している。

　名鉄名古屋本線のガードをくぐると東岡崎駅前。駅前といっても駅は東に300mほど離れた位置にあった。周囲の地名から、現在はバス停名ともなっている「明大寺」という名称も併用されていた。

大学下～芦池橋間を走るモ530形531。愛知学芸大学（現・愛知教育大学）附属岡崎中学校や愛知学芸大学岡崎校舎があり、学生の利用が多かった。1962.2.25　lt

大学下～東岡崎駅前間で、名鉄名古屋本線のガードをくぐるモ90形94。90形は戦災による車両不足を補うため、名古屋市電から譲り受けた旧京都市電の狭軌線用のN電で、5両が稼働していた。
1952年頃　Kr

東岡崎駅前に停車するモ530形532。バス停もあるが、停留所名は周囲の地名から「明大寺」だった。
1953頃　Kr

東岡崎駅前の北行停留場に停まるモ50形55ほか。名鉄の東岡崎駅とは300mほど離れていた。
1958.4　Si

東岡崎駅前の南行停留場に停まるモ50形56。56は元岐阜の美濃電気軌道(岐阜市内線)のDD56の戦災復旧車で、1957(昭和32)年に岡崎に転属してきた。
1958.4　Si

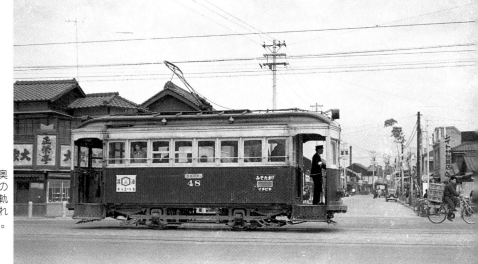

東岡崎駅前を走るモ45形48。奥に通じる道が名鉄東岡崎駅への連絡路だった。モ48は岡崎電軌の10号で、大正時代に製造された路面電車の外観を残していた。
1958.4　Si

殿橋

殿橋は乙川（菅生川）に架かる橋の名前で、1898（明治31）年12月の最初の開業区間はこの橋の南までで、停留場名も町名を表す「岡崎」だった。その後、1907（明治40）年6月橋の北まで路線が延長され、電化後は1927（昭和2）年に架け替えられる前は上流側にあった専用の木橋を渡っていた。橋の南東側には1951（昭和26）年まで殿橋貨物駅があり、製糸会社の三竜社などへの燃料（石炭）や原材料、製造品など、昭和初期まで舟運との連携が行われていた。殿橋の停留場は、橋の北側に置かれていた。

殿橋を渡るモ45形49。殿橋の南側には、1951（昭和26）年まで殿橋貨物駅があった。
1959.1.4 Hi

殿橋を渡るモ50形55。背後の丘の上に愛知学芸大学の建物が見える。55は元岐阜の美濃電気軌道（岐阜市内線）のDD55の戦災復旧車。岐阜にあった戦災復旧車は、オープンデッキの車両と入れ換えるため1960（昭和35）年までに岡崎に移ったことから、シングルルーフで丸屋根の戦災復旧車15両はすべて岡崎に集結した。
1962.6 Si

康生町をでて、国道1号を横切り、殿橋に向かうモ50形55。
1962.6　Si

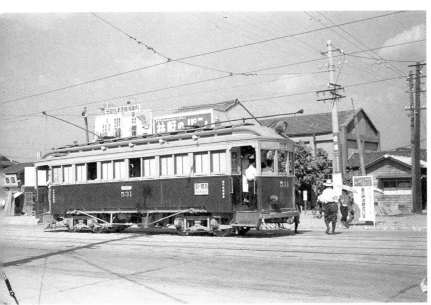

殿橋停留場に停まるモ530形531。531は1923（大正12）年の井田延長用に製造された岡崎電軌初のボギー車である100形で、2両あった。岡崎市内線のボギー車はモ530形2両だけだった。殿橋停留場は橋の北側にあり、馬車鉄道時代と電化直後はここが終点だった。後ろのコンクリート製の建物は、市内線の変電所。
1955.8　Si

殿橋の北行停留場に停まるモ50形62。岡崎電軌8号の戦災復旧車で、扉部分のステップが露出している形態は、岡崎電軌の戦災復旧車に多く見られた。
1958.4　Si

康生町

殿橋から国道1号を横断した北にあり、岡崎一の繁華街が康生町。徳川家康が生まれた場所にちなんだ町名で、老舗の並ぶ商店街や映画館が集まり、休日には電車に乗って多くの人たちが買い物や遊びにやってきた。線路は岡崎駅前から康生町の間が複線で、康生町から北は単線であった。

岡崎市内線運賃表。1962.6　Si

康生町を走るモ90形94。進駐軍車両に注意を促すべく、車体前面に英語で警告が書かれている。1952頃　Kr

同地点を走るモ45形49。1924(大正13)年製の岡崎電軌11号で、モ48と同形態の車両だった。1960頃　Si

岡崎随一の繁華街である康生町に停まるモ530形532とモ50形55と64。この先は単線となる。1962.6.16　Si

殿橋から国道1号と交差して康生町に向かうモ530形531。1955.9　Si

本町・能見町

　康生町から北は単線になり、能見町との間に本町停留場があり、能見町の手前までは戦災復興で道路が拡幅されていた。能見町停留場は行違いができるようになっており、この先は戦災にあっていないことから、戦前からの家並みの狭い道が続いていた。

康生町から北は単線になり、併用軌道で井田に向かっていた。1960.8　Si

本町付近の単線区間を走るモ50形62。1960.5　Si

本町～能見町間を走るモ40形40。営業休止になった起線から1954（昭和29）年に入線した車両で、名古屋電気鉄道の郊外線用車両であるデシ500形の台枠を使って1924（大正13）年に名古屋電車製作所で造られたデシ100形が前身。1960（昭和35）年までに廃車になった。
1960頃　Si

能見町で行き違うモ40形40とモ45形49。能見町から北側は戦災にあっていないことから、古い町並みが残っていた。
1960.5　Si

能見町から北は道路が狭くなり、昔ながらの商店が残る中を電車が走っていた。単線の線路がのびる能見町に到着するモ45形49。
1960.5　Si

八幡社

能見町の次の行き違い停留場は八幡社で、その間に神明社停留場があった。八幡社は能見町同様、狭い道路の真ん中に行き違い線があった。

八幡社停留場の標識と待合所。当時の世相を伝える立看板が興味深い。電車の停留場名は神明社と八幡社だったが、名鉄バスの停留所名は神宮社前、八幡社前と「前」が付いていた。
1962.6　Si

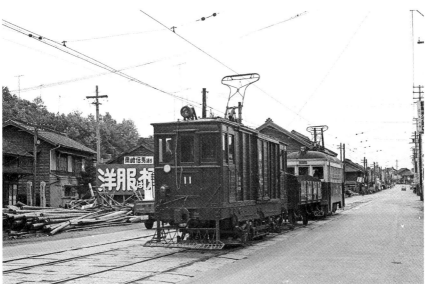

八幡社で行き違い待ちのデワ10形11ほか。岡崎市内線は電動貨車を使用した貨物輸送が行われており、鉄道線と連絡する大樹寺まで運転されることもあった。末期の貨物は挙母線からの岡崎車庫への部品等の輸送だった。牽かれている貨車はト200形211で、同形車のト246は三岐鉄道三岐線丹生川駅にある貨物鉄道博物館に保存されている。
1962.5　Si

伊賀八幡宮の鳥居を眺めて走るモ90形90。八幡社の停留場は、この横にあった。
1953頃　Kr

岡崎井田

　八幡社から伊賀町に向かうと伊賀川を渡る。1951 (昭和26) 年に伊賀橋が架橋するまでは、乙川と同様、専用橋で渡っていた。伊賀町を経て井田坂と呼ばれる勾配をのぼると岡崎井田。伊賀町との距離は約600mあり、並行する名鉄バスや国鉄バスには「井田観音前」のバス停があったが、勾配の関係か、市内線には停留場がなかった。軌道線区間の終点で行き違い停留場であり、ここで折り返す運転もあった。市内線の方向幕は井田町で、車掌も利用者も「井田町」と呼んでいたが正式の停留場名は「岡崎井田」で、鉄道線である郡部線の起点であることから岡崎の名前がつけられたと思われる。1955 (昭和30) 年8月28日に行き違い設備が設けられ、これにより市内線の8分間隔の運転が可能になった。

　岡崎井田から大樹寺までは鉄道線である挙母線の一部で、岡崎井田を出ると新設軌道になって大樹寺に向かう。廃線後は1965 (昭和40) 年過ぎまで、岡崎井田から大樹寺へのバス専用道として使用された。(大樹寺から井田へは一般道を経由した)

岡崎井田を出発するモ45形48。停留場は三叉路の真ん中にあった。
1960.5　Si

伊賀町〜岡崎井田間の井田坂を下るモ60形65。この停留場間は600mの距離があり、並行するバスにはバス停もあったが、勾配の関係か、市内線には停留場はなかった。
1960.5　Si

交差点の三叉路の真ん中にあった岡崎井田の停留場。軌道線の終点で、ここから北は鉄道線である挙母線の一部だった。
1962.25 It

大樹寺からの新設軌道は岡崎井田の北側で併用軌道となるモ60形65。
1960.5 Si

大樹寺への新設軌道を走る。架線柱やカテナリー式の架線が鉄道線らしいモ60形66。
1960.5 Si

大樹寺

　駅名は徳川家康の菩提寺である大樹寺に由来する。鉄道線である挙母線の駅で、ここから北が架線電圧1500Vの挙母線の鉄道線であり、600Vの岡崎市内線との乗換駅となっていた。2面3線のホームがあり、市内線は1線を使用し、乗り場は階段でホームが低く造られており、さらに市内線側からユニチカ岡崎工場（現・岡崎事業所）への引き込み線も伸びていた。こうした配線から構内の架線電圧は600Vで、1500Vの挙母線電車が乗り入れていた。

岡崎井田への新設軌道の築堤を走るモ40形40とモ530形532。
1960.4　Si

大樹寺に到着するモ50形64。1962.2.25　lt

大樹寺の市内線ホームに
停まるモ45形48ほか。市
内線へは階段を降りた低い
ホームから乗り降りした。
1955頃　Kr

大樹寺でモ3700系の挙母
線列車と接続するモ50形
54と62。
1960.4　Si

大樹寺で3700系と並
ぶデワ10形11。大樹寺
構内の架線電圧は600V
で、軌道線車両も構内を
走行できた。
1962.5　Si

最終日

　6月16日限りでの廃止を控え、14日から16日までの3日間、モ58と62の2両が側面に「63年間ありがとう」と記した看板を掲げ、造花やモール、色電球で装飾して、終日、全線を走行した。モ58に屋根にスピーカーをつけ、「蛍の光」を流して走り、多くの市民が別れを惜しんだ。

康生町を走る装飾電車のモ50形62。翌日から市内線を代替するバスが併走する。1962.6　康生町　Si

夜の康生町に停まる装飾電車のモ50形62。造花やモールが色電球の光で暗闇の中に浮かび上がる。1962.6　康生町　Si

八幡社でモ50形53と行き違う装飾電車モ62。
1962.6　Si

最終日には多くの乗客に3両続行運転がおこなわれた。モ50形50,54ほかの3両。
1962.6　Si

康生町で行き違う装飾電車のモ50形62（左）と58。58の屋根にはスピーカーが取り付けられていて、「蛍の光」を流して走行した。
1962.6　Si

第5章
名鉄高速電車変遷史-4
有料特急の運転開始から座席指定特急の拡充

　高度成長による所得の増加と観光施設の整備で行楽需要が高まると、休日に運行していた観光列車の運転が平日にも拡大して毎日運転になっていく。人気を集める観光列車に座っていける着席要望が高まり、有料特急として座席確保がおこなわれるようになった。座席を確保した有料特急の運転は通勤時にも始まり、その後の座席指定特急のネットワーク化につながっていく。

蒲郡に停車中の「三河湾2号」。名古屋と三河湾国定公園を結び、1964（昭和39）年9月に「さんがね号」を改称し、平日にも2往復が運転され、通年運転の観光列車の嚆矢となった。1965.7　Si

観光列車の充実

　列車に名称を付け、さらにバスと連携して沿線観光地への利便性を高める観光列車は、1960（昭和35）年10月2日の休日ダイヤで定期運転が開始され、1964（昭和39）年9月14日から運転された「三河湾号」からは通年運転となった。

　同年10月～11月には名古屋本線の新岐阜～豊橋間の休日の観光列車として、定期列車を名称変更し「浜名湖」号、「鳳来」号、「いらこ」号が運転される。いずれも7000系あるいは7500系パノラマカーを使用し、豊橋で浜名湖、鳳来湖、伊良湖岬行バスに連絡した。

5000系の「三河湾号」。2往復が栄生～蒲郡間で運転された。
1965.6　栄生　Si

1966（昭和41）年4月に西尾・蒲郡線で特急運転が始まると、特急には「快速特急」の標板が掲げられ、「三河湾号」も「快速特急」の看板をつけて運転された　1966.4　蒲郡　Si

パノラマカーを使った初の休日観光列車である「浜名湖」号。同時に「鳳来」号、「いらこ」号も運転した。これら列車はパノラマカーを使った初の名称列車だった。
1964.11　金山橋　Si

　昭和30年代の観光列車の目的地は、国定公園に指定され、風光明媚で温泉もある三河湾の蒲郡、伊良湖、知多半島や、さらには浜名湖や奥三河の鳳来山、金華山へのロープウェイのある岐阜地区、木曽川を舟で下るライン下りのある犬山地区など、自然景観に秀でた行楽地だった。犬山地区には1955（昭和30）年から複電圧車を使った「ライン号」（のちに日本ライン号）が運転されていたが、昭和30年代半ばに名鉄により犬山地区での観光開発が始まり、1960（昭和35）年に犬山自然公園を遊園地化して犬山ラインパーク（1980（昭和55）年1月に日本モンキーパークと改称）、1965（昭和40）年3月に明治村が開村すると日帰りで楽しめる行楽地として注目を集め、数多くの観光列車が運転されるようになる。

　犬山地区への観光列車の嚆矢となったのが1961（昭和36）年6月から運転が始まった豊橋発新鵜沼行の「ラインパーク号」で、休日に運転された。1965（昭和40）年3月に広見線が昇圧されると「ラインパーク号」は「日本ライン号」と名称を変え、ライン遊園に変わってライン下りの拠点となった今渡（1969（昭和44）年11月に日本ライン今渡に改称）行が併結され、「三河湾号」に続き平日にも運転する観光列車となった。観光列車は観光特急として、運行本数が増加していく。

広見線が600V時代の「日本ライン号」。3600系複電圧車を使い、常滑線から犬山線経由で運転された。
1964.3　犬山　Si

広見線の昇圧によりSR車で豊橋から今渡まで直通運転が始められた「日本ライン号」の運転初日。犬山　1965.3　Si

1965(昭和40)年3月ダイヤ改正の観光特急案内

犬山地区では自然景観に優れた広見線沿線の観光地を宣伝するため、翌1966(昭和41)年4月17日から鬼岩公園への行楽客の便を図った御嵩行の「鬼岩号」、10月1日から木曽川に建設された丸山ダムで生まれた蘇水湖への便を図った八百津行の「蘇水湖号」の運転が開始された。1966(昭和41)年3月25日には、明治村への利用者の便を図って小牧線に直通する「明治村号」も運転されている。また、犬山鵜飼やなし狩りなどのシーズンにあわせた観光特急も運転されるようになった。1967(昭和42)年4月に7000系4両組成が登場すると、「鬼岩号」「蘇水湖号」にはパノラマカーも使用された。

広見線に直通した御嵩行観光列車の「鬼岩号」。御嵩で鬼岩公園行のバスに連絡した。三河線や西尾線と同じ快速特急の種別板を掲げている。新広見　1966.4　Si

ラッシュ対策として2列+1列のクロスシート車として登場したばかりの3780系も「鬼岩号」で運転された。
1967.5　犬山　Si

HL車6連で運転された八百津行「蘇水湖号」。
犬山　1966.10　Si

1967（昭和42）年に4両組成となったパノラマカーが登場すると、八百津行「蘇水湖号」に使用された。
新広見　1967.5　Si

八百津行「蘇水湖号」と御嵩行「鬼岩号」の行き先板を掲げた「蘇水湖・鬼岩号」。御嵩へは伏見口で普通列車に乗り換えた。
1967.11　神宮前　Si

5500系で運転された「明治村号」。犬山から小牧線に入り1966（昭和41）年3月から運転された。
犬山　1967.4　Si

塗色変更された5500系で運転された「明治村号」。
1968.4　Si

知多半島に向けて運転された観光特急の「南知多号」。1960（昭和35）年10月に休日運転の観光列車として運転を開始し、1966（昭和41）年3月から平日にも運転されるようになった。　1967　金山橋　Si

観光特急が充実した1966（昭和41）年3月25日改正の運行。新たに新岐阜発各務原線経由の観光特急も設定されている。

鵜飼シーズンに運転された「犬山うかい号」 ク2857ほか。金山橋 1965.5 Si

「日本ライン　なし狩り号」。犬山 1966.9 Si

　1967～68（昭和42～43）年には国鉄の企画乗車券である「エコノミークーポン」（略称エック）用の指定列車として「日本ラインエック号」、「三河湾エック号」「三河湾フラワーエック号」などが運転されている。

「日本ラインエック」号　日本ライン今渡。1968.4 Si

「三河湾エック」号　金山橋　1967.11 Si

「三河湾フラワーエック」号　蒲郡　1969.2 Si

第5章 高速電車変遷史　217

三河湾の行楽地が集まる幡豆や蒲郡へのアクセスルートである蒲郡線へは、1964(昭和39)年9月14日から5500系による「三河湾号」が栄生始発で毎日運転された。西尾・蒲郡線は線路有効長から入線できるのは4両編成が限度だったため、1967(昭和42)年に3次車として運行が可能な7000系4連5本(7013～23編成)が製造されると、4月10日からパノラマカーによる運転が始まった。三河湾の観光地化に対応して「三河湾号」は1968(昭和43)年8月26日のダイヤ改正で大幅に増発されて6往復となり、新鵜沼発の列車も設定された。さらに10月28日には7000系パノラマカーの運転で13本に増強した。日本ライン下りのある広見線に向かう列車4本は新たに「ライン号」と名付けられ、明治村や日本ラインなどの観光拠点である犬山・今渡と三河湾の西浦・蒲郡を直結した。

7000系パノラマカーの4両組成が誕生したことで、パノラマカーの運転となった「三河湾号」。2往復時代で特急標板は「三河湾2号」となっている。
東幡豆　1967.5　Si

「三河湾」号が6往復となった1968(昭和43)年8月の観光特急案内。翌年から観光特急の有料化が始まるので、無料の観光特急はこの年がピークとなった

観光地を結び、蒲郡線から広見線に直通した列車は「ライン号」と名付けられた。犬山　1969.1　Si

神宮前で急行「たかやま」号と並ぶ7500系中間運転台車を先頭にした「ライン号」。1970.2　Si

　名古屋本線を通して運行する観光特急は、定期特急の増発により1967(昭和42)年8月の改正で一旦、名称がなくなるが、1968(昭和43)年5月1日から河和〜篠島〜伊良湖〜鳥羽間の水中翼船に接続する「南知多号」1往復を「しおさい号」に名称変更すると共に、伊良湖行バスに接続する豊橋行「しおさい号」を通年運行した。

水中翼船や伊良湖行のバスに接続した「しおさい号」。1968.9　Si

　1969(昭和44)年1月11日には、今渡(11月10日から日本ライン今渡に改称)で濃飛バスに連絡して新名古屋と下呂温泉を2時間25分で結ぶ「下呂号」2往復の運転が開始され、バス利用者のための座席確保車が連結された。「下呂号」の名称をつけた列車は、後に下呂行バスの運行にあわせて大幅に増加し、日本ライン今渡を結ぶ多くの列車で運行されたが、座席確保の扱いは短期間で終了している。

1969(昭和44)年1月11日から運転を開始した「下呂号」の運転初日。今渡でバスに連絡して下呂温泉を結んだ。Si

運転開始時の下呂号の運転時刻(1969年4月現在)

	新名古屋	今渡		下呂温泉
下呂号	10:22	11:05	11:10	12:47
	14:17	15:08	15:10	16:47
	11:24	10:40	10:37	9:00
	15:22	14:40	14:37	13:00

第5章 高速電車変遷史　219

下呂号の座席確保の表示。座席確保の扱いは短期間で終了している。1969.1　Si

後には日本ライン今渡でバス連絡する列車に「下呂号」の名称が掲げられた。1970.2　Si

観光特急の有料化

　休日を中心に運行された観光特急は全車自由席のため、観光シーズンには着席できないこともあった。営業施策としても座席確保が望まれ、1968（昭和43）年2～3月に運転された渥美フラワーセンターへのバスに連絡する「フラワー号」では、豊橋方向の3両にバス利用者への優先席を設け、観光特急での座席確保の先鞭をつけている。

　有料で座席を確保した特急は、海水浴や初詣時期

1969（昭和44）年3月から有料の座席指定特急として、豊橋からの「日本ライン号」の運転が開始された。1969　Ko

座席指定の有料特急の案内が入った1969（昭和44）年7月の時刻表

にすでに運転されていたが、観光特急の座席確保は利用者の要望に応えるとともに増収策でもあることから、1967(昭和42)年12月12日に座席指定料金が大人・小児とも100円で通年認可となったことを受け、1969(昭和44)年3月21日から観光特急座席券が発売されて有料化された(認可は座席指定だったが、この頃は号車指定として座席指定を省略することが多く、実態にあわせて座席確保と記されることもあった)。座席指定化された観光特急は、通年運行が「南知多号」「日本ライン号」、5月5日までの休日運行が「ラインパーク号」「鬼岩号」「くらがり号」、一部の「三河湾号」である。7月6日のダイヤ改正では、これら休日運行の列車も年間を通して運行されるようになった。観光特急の座席指定特急としての有料化と通年運行は、後の座席指定特急網の嚆矢となり、ダイヤ改正毎に本数やネットワークを拡充させていく。座席指定特急の運行拡大にあわせ、1969(昭和44)年4月に製造された7000系5次車(7029,31編成、4連2本)からは側面上部に電照式座席指定表示器が付けられ、1970(昭和45)年から行先板に座席指定の文字が入れられた。

■ 通勤時間帯の有料特急の運転開始

1965(昭和40)年8月にキハ8000系により国鉄高山本線に直通した準急「たかやま」号は、当時としては珍しい完全冷房とパノラマカー譲りの連続窓による優れた眺望から、デラックス準急として注目を集めた。この準急「たかやま」号は神宮前発が8時55分であり、それまでの車両の有効活用と、岡崎・豊橋からの利用者の利便性を高めるため、新名古屋～豊橋間でキハ8000系を使った有料特急として「ディーゼル特急」が運行されることになった。運行開始は1965(昭和40)年12月30日で、2606Dとして新名古屋発6時23分豊橋7時30分着、豊橋で折り返し2607Dとして豊橋発7時46分発、神宮前8時43分着で、神宮前で8時45分発の

1965(昭和40)年12月30日から、「たかやま」号用のキハ8000系を使用したディーゼル特急。神宮前から「たかやま」号となって犬山線に直通したことから、「たかやま」号のヘッドマークを付けて運転された。Kr

豊橋を発車するディーゼル特急。豊橋から急行「たかやま」への直通運転は、1969(昭和44)年10月1日に翌年の「北アルプス」への変更を踏まえて「たかやま」の神宮前発車時刻が変更されたことで終了した。しかし、1970(昭和45)年の11月から翌年3月まで、朝ラッシュ時に運転されたキハ8000系使用のディーゼル11号では、神宮前から急行「北アルプス」に変わり、豊橋方面から高山本線に直通する列車が復活している。豊橋　1969.3　Ko

準急「たかやま」号となり、そのまま犬山線に直通した。ディーゼル特急運転に際し、豊橋駅では普通電車1往復が廃止されている。料金は準急であった「たかやま」号の社線内準急料金にあわせて2等50円（小児25円）、1等110円と設定した。券面はディーゼル特急券であるが、制度的には「たかやま」号にあわせた準急料金扱いであった。

1966（昭和41）年3月5日には「たかやま」号の種別が急行に変わり、社線内料金が急行化により100円になったことにあわせ、ディーゼル特急の料金も豊橋〜新名古屋間100円、豊橋〜東岡崎間、東岡崎〜新名古屋間50円（小児半額）とした。7月1日には社線内1等料金として、それぞれ220円、110円を設定している。こうした通勤時に都心に向かう有料特急は、例えば小田急電鉄ではロマンスカーを使用して1967（昭和42）年11月に運転を初めている。「ディーゼル特急」は通勤時の有料特急の先鞭をつけたことになる。

前記のように、名鉄における有料特急の始まりは、1962（昭和37）年から運転されている海水浴臨時特急の「内海号」であるが、ディーゼル特急運転の段階では、「内海号」の座席指定料金（座席確保料金）が年毎の個別認可であったことや、神宮前から準急「たかやま」号に変身してそのまま高山本線に直通するという、いわば「たかやま」号の延長運転という性格から、「ディーゼル特急」の料金は座席指定ではなく特急料金として設定されている。

急行「北アルプス」号の立山延長運転のない1970（昭和45）年11月〜1971（昭和46）年4月と翌年の同時期に新名古屋〜豊橋間で昼間帯に運転されたキハ8000系を使用した座席指定特急。1970（昭和45）年冬の運転時はディーゼル特急としての運転だった。伊奈〜豊橋　1972.1　Ko

1967（昭和42）年7〜8月にキハ8000系を国鉄に貸し出して「りんどう」として運転された翌日に7000系で運転された「ディーゼル特急」の代替車両。行先板には「豊橋―名古屋（座席確保）」と記されている。7000系の有料特急への初使用で、ディーゼル特急と同じ料金扱いとした。1967.7　金山橋　Si

キハ8000系によるディーゼル特急は、1966（昭和41）年3月25日改正で夕方にも1往復増発され、さらに立山直通運転開始に伴うキハ8200形車両の増備により、直通運転を行わない冬期の車両活用として、1970（昭和45）年と翌1971（昭和46）年の11月〜4月に新名古屋〜豊橋間などで昼間帯に運転されている。1970（昭和45）年の運転時にはキハ8000系を使用した列車はいずれも「ディーゼル特急」という種別で、電車を使用した座席指定特急とは扱いが異なり、料金もディーゼル特急料金として、新名古屋〜豊橋間が100円、新名古屋〜東岡崎間が50円と異なっていた。ディーゼル特急料金が座席指定料金と一本化されるのは1971（昭和46）年6月13日の座席指定料金の150円改定時で、同時に急行「北アルプス」号（1970（昭和45）年7月15日に「たかやま」から名称変更）の線内急行料金を150円に改定し、新名古屋〜豊橋間のディーゼル特急料金を廃止している。名鉄における有料特急の料金が、長らく座席指定の扱いであったのは、こうした背景がある。

観光特急の有料化が始まった1969（昭和44）年の豊橋駅の案内。ディーゼル特急と座席料金として有料化した「日本ライン号」との料金が異なっていることがわかる。この頃の有料特急は座席確保だけだった。1969　Ko

ディーゼル特急の特急券と車内補充券　所蔵：Fu

ラッシュ時の座席指定特急の運行

有料の通勤特急の嚆矢である「ディーゼル特急」が好評であることから、1969(昭和44)年12月24日から朝の豊橋〜新名古屋間で電車による増発が行われた。増発された列車は「ビジネス特急」と名付けられ、「ディーゼル特急」と区別するため、「座席指定」の標板が掲げられた。翌1970(昭和45)年1月17日からは朝2本の運転となり、夕方にも名古屋発が1本設定されている。2月25日からは「日本ライン2号」と共に名鉄産業による車内販売が行われた。なお、前記のようにこの段階では「ディーゼル特急」の料金は座席指定料金とは扱いが異なっており、このため新名古屋〜東岡崎間では座席指定料金が100円に対してディーゼル特急料金は50円であった。

左:ディーゼル特急に加え、ビジネス特急の運転が始まった1969(昭和44)年12月の豊橋駅の案内。Ko
右:朝のビジネス特急が2本に増発され、夕方にも1本設定された1970(昭和45)年1月の豊橋駅の案内。この段階でも、ディーゼル特急とビジネス特急の料金の扱いは異なっていた。Ko

「ビジネス特急」の運転開始時には「座席指定」の標板を掲げて運転された。1969.12.24 Sy

第5章 高速電車変遷史

■岐阜・犬山・名古屋地区から＝＝豊橋・蒲郡・南知多方面へ

朝夕増発前の座席指定特急時刻表。休日には遊園地の犬山ラインパークに向けて「ラインパーク号」の運転がおこなわれている。この頃はビジネス特急を除くと座席指定特急は観光特急の有料化である。
出典：1970年3月名鉄ニュース

■豊橋・蒲郡・南知多地区から＝＝名古屋・日本ライン犬山・岐阜方面へ

※休日は神宮前〜今渡間4分繰上げ
座席料は片道 100円　3週間前から名鉄電車の駅、名鉄観光…

平日■豊橋・蒲郡・南知多地区から＝名古屋・犬山・岐阜方面へ

河和発／知多武豊／知多半田			7.30／7.41／7.47							15.31／15.42／15.47	16.10／16.16／16.25	16.36／16.46／16.52			
常滑／大野須／尾張横須賀／太田川								15.59						
豊橋／東岡橋崎	6.52／7.20	7.14／7.39		7.46／8.12	8.14／8.41	8.50／9.14	10.55／11.20	14.52／15.16				18.20／18.46	20.25／20.52
蒲形西／東吉良／吉良吉田安				7.07／7.14／7.16／7.22／7.32／7.44／8.06									
知立／神宮前／金山橋／新名古屋	7.51／7.54／8.00	8.10／8.14／8.20	8.14／8.20／8.26	8.32／8.36／8.42／8.48	9.14／9.18／9.23	9.42／9.46／9.51	11.48／11.51／11.56	15.43／15.47／15.51	16.11／16.16／16.19	16.52／16.55／17.01	17.20／17.25	17.53／17.56／18.01	19.18／19.21／19.24	21.18／21.22／21.27
犬山／日本ライン今渡／新広／御嵩				8.54／9.10			10.16／10.34				17.26	18.28／18.45／18.49	
大山／新鵜												17.28／17.30	
新／新岐宮										16.35／16.46	17.44／17.56		

（各列：ビジネス特急／ビジネス特急／（三河湾3号）／①ディーゼル号／⑪ディーゼル号／日本ライン1号／⑬ディーゼル号／⑮ディーゼル号／南知多3号／南知多5号／日本ライン3号／③ディーゼル号／⑰ディーゼル号）

平日■岐阜・犬山・名古屋地区から＝豊橋・蒲郡・南知多方面へ

新岐阜発／新一宮				7.48／8.01	8.54／9.06								
新鵜沼／犬山遊園								17.03／17.07		17.21／17.23		
御嵩／新広／日本ライン今渡／犬山				7.24／7.29／7.45				17.10		17.25		
新名古屋／金山橋／神宮前／知立	6.40／6.45／6.49	6.57／7.02／7.06	8.16／8.22／8.25	8.20／8.25／8.29	9.22／9.27／9.32	9.49／9.54／9.57	13.49／13.54／13.57	17.12／17.18／17.22	17.39／17.44／17.48	17.47／17.52／17.56	17.52／17.57／18.01	18.23／18.28／18.31	19.21／19.26／19.29
新安吉／西尾／東吉良／蒲形龍				8.21／8.35／8.39／8.44／9.02／9.12／9.19								
東岡橋豊	7.15／7.41	7.38／8.04			10.23／10.49	14.23／14.48	17.48／18.15				18.27／18.49	18.57／19.25	19.55／20.20
太田川／知多半武田／知多河和				8.57／9.11	9.43／9.55／10.00／10.10			18.12／18.18／18.29					
尾張横須賀／大野滑／常滑													

（各列：②ディーゼル号／⑩ディーゼル号／（日本ライン2号）／（南知多2号）／（南知多4号）／⑫ディーゼル号／⑭ディーゼル号／（南知多6号）／（日本ライン4号）／（ビジネス特急）／⑯ディーゼル号／（三河湾4号））

朝夕の座席指定特急が出揃った1970（昭和45）年12月の平日時刻表。立山の季節運転がなくなり、車両に余裕のあるキハ8000系が名古屋〜豊橋間のディーゼル特急として昼間帯に4往復（ディーゼル10〜17号）運転されている。立山直通運転のない11〜4月のキハ8000系の昼間帯の新名古屋〜豊橋間における座席指定特急での運行は、1971（昭和46）〜1972（昭和47）年にもおこなわれている。
出典：1970年12月名鉄ニュース

ビジネス特急の好調から、他線区からも名古屋方面への座席指定の通勤特急が設定された。1970（昭和45）年4月には7000系6次車（7033〜38の先頭車のみ6両）が竣工し、組成変更により7000系4連が17本に増えて、支線区からの座席指定特急の設定も容易になった。こうして1970（昭和45）年5月25日には名古屋本線を中心にダイヤを改正し、朝夕に新岐阜〜河和間1往復、新広見〜犬山〜神宮前間1往復、河和〜新名古屋〜今渡間1本（休日河和〜新岐阜）、新鵜沼〜河和間1本の座席指定特急を増発し、座席指定特急の運行本数は12本となった。蒲郡への「三河湾号」は休日のみ1往復が座席指定であったが、夏ダイヤの終了した8月17日から平日の朝夕通勤時間帯の列車が座席指定となった。

座席指定特急が観光輸送からビジネス輸送へと役割が変わってくると、観光特急ゆかりの列車名称は実態にそぐわなくなっていった。そこで1970（昭和45）年12月25日から座席指定特急の名称が、原則として行先駅名または地名に番号をつけ、最後に号をつけるよう変更された。このため、観光要素の強い午前中の列車には、通年を通して「日本ライン」「南知多」「三河湾」、休日には「鬼岩」「金華」「ラインパーク」の名称が残ったものの、夕方ラッシュ時の列車を中心に「豊橋」「岐阜」「名古屋」「河和」「犬山」「広見」など行先を直接的に表示した名称に変更された。また、列車名に「号」を付ける列車は全て有料特急になり、座席を確保しない無料の観光列車はなくなった。

平日 豊橋・蒲郡・南知多方面から＝名古屋・犬山・岐阜方面へ

駅	名古屋1号	名古屋5号	名古屋7号	日本ライン1号	名古屋11号	日本ライン3号	名古屋19号	名古屋101号	南知多101号	南知多103号	岐阜1号	名古屋103号	犬山3号	岐阜3号	名古屋105号	広見1号	名古屋21号	名古屋23号
河　和									14.09	15.01	15.20	16.10		16.35				
知多武豊											15.29	16.19		16.45				
知多半田											15.35	16.24		16.50				
豊　橋	6.52	7.14			7.46	8.47	9.45	10.45					15.45		16.45		17.45	18.27
東岡崎	7.18	7.41			8.11	9.09	10.08	11.08					16.08		17.09		18.09	18.52
蒲　郡				7.07														
形　原				7.13														
西　浦				7.16														
東幡豆				7.21														
吉良吉田				7.32														
西　尾				7.44														
新安城				8.06														
神宮前	7.51	8.11	8.17	8.32	8.40	9.36	10.37	11.36	14.48	15.46	16.01	16.36	16.53	17.15	17.36	17.48	18.36	19.19
金　山	7.54	8.15	8.21	8.36	8.44	9.39	10.40	11.40	14.52	15.49	16.04	16.40	16.57	17.19	17.40	17.51	18.40	19.22
新名古屋	8.00	8.20	8.26	8.42	8.49	9.44	10.45	11.45	14.56	15.55	16.10	16.45	17.02	17.25	17.45	17.58	18.45	19.27
古知野				8.59		10.03							17.20			18.20		
犬　山				9.10		10.14							17.27			18.33		
日本ライン今渡				9.23		10.27										18.46		
御　嵩				9.44		10.59												
犬山遊園													17.29					
新鵜沼													17.31					
新岐阜			8.49								16.25			17.44				
一　宮			9.01								16.38			17.58				

平日 岐阜・犬山・名古屋方面から＝豊橋・蒲郡・南知多方面へ

駅	豊橋2号	南知多2号	名古屋2号	南知多8号	豊橋100号	南知多100号	豊橋102号	豊橋104号	豊橋10号	豊橋12号	豊橋14号	南知多14号	豊橋4号	三河湾4号	豊橋16号	豊橋18号	豊橋20号
新岐阜			7.43	8.55			9.34							17.13			
新一宮			7.55	9.07			9.45							17.24			
新鵜沼							15.08				16.55						
犬山遊園							15.15				16.58						
御　嵩		（新広見）7.24															
日本ライン今渡		7.29															
犬　山		7.45									17.00						
古知野		7.54									17.09						
新名古屋	6.08	8.16	8.18	9.26	9.45	10.01	14.45	15.45	16.45	17.17	17.27	17.45	17.57		18.15	18.45	19.35
金　山	6.13	8.22	8.24	9.31	9.49	10.06	14.49	15.49	16.49	17.22	17.32	17.49	18.02		18.19	18.49	19.39
神宮前	6.16	8.26	8.27	9.35	9.51	10.10	14.51	15.51	16.52	17.26	17.36	17.53	18.06		18.23	18.53	19.43
新安城			（新名古屋まで・座席指定）											18.30			
西　尾														18.48			
吉良吉田														18.59			
東幡豆														19.07			
西　浦														19.12			
形　原														19.14			
蒲　郡														19.19			
東岡崎	6.43		8.59		10.17		15.17	16.17	17.18	17.56			18.19		18.51	19.21	20.08
豊　橋	7.06				10.38		15.38	16.40	17.40	18.21			18.40		19.15	19.45	20.31
知多半田		8.49		9.57								18.04					
知多武豊		8.54		10.03								18.10					
河　和		9.02		10.11		10.58						18.19					

座席指定特急の名称が行先駅名または地名に番号をつけ、最後に号をつけた1972（昭和47）年秋の特急時刻表。
出典：名鉄ニュース

第5章 高速電車変遷史

コラム たびたび色を変えたSR車

パノラマカー7000系登場以前は名古屋本線の主力車両だった5000系、5200系、5500系のSR車は、7000系、7500系の増備に伴い4連運用が主体となり、支線区への優等列車として活躍する。これら車両の車体塗色はロマンスカーのシンボルだったサーモンピンクとマルーンの2色塗りだったが、スカーレット1色のパノラマカーの印象が強いことを受けて、昭和40年代初めには、たびたび塗装を変更している。

まず1966(昭和41)年7月から採用されたライトパープルで、同年11月に登場したHL車の3780系で全面的に採用されたほか、HL車以外でSR車、OR車にも塗装された。しかし、空に溶け込んで視認性が悪く、線路で作業する土木掛員や踏切警手からも不評だったことから、わずか1年で終了している。

続いて採用されたのがストロークリームに幅200mmの赤帯で、1967(昭和42)年夏からSR車に加え、HL車やクロスシートのAL車も塗り替えられた。ストロークリームに赤帯は傍系の豊橋鉄道の初代1800系(元名鉄デハ3300形→モ3300形)で1967(昭和42)年5月に一足早く採用されている。

SR車に対しては、1968(昭和43)年12月から5000系にスカーレットに幅200mmの白帯、5200系と5500系にはスカーレットに幅150mm(一部は幅120mm)の白帯が採用された。スカーレットに白帯の塗装は全車に採用されたが、長続きせず、1970(昭和45)年からは白帯を消してスカーレット1色となった。

1966(昭和41)年にライトパープルに塗られた5000系。1967　Nr

1967(昭和42)年夏からはストロークリームに幅200mmの赤帯となった。1968.6.16　金山橋　Kr

1968(昭和43)年12月からはスカーレットに幅200mmの白帯となった。1969　金山橋　Kr

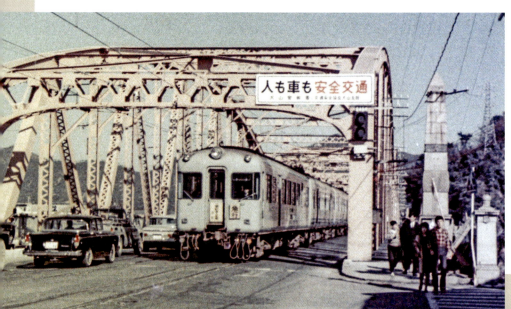

1本だけライトパープルに塗られた5200系。1967　犬山遊園　Nr

ストロークリームに幅200mmの赤帯となった5500系。高運転台は5509編成で、1964（昭和39）年の新川工場の火災で焼損ののち、車体が新造された。
1968　金山橋　Kr

スカーレットに幅150mmの白帯となった5500系。
1969頃　堀田

2003（平成15）年秋に行われた5500系の引退イベント「甦（よみがえ）る5500系」では、スカーレットに白帯、ストロークリームに赤帯、サーモンピンクにマルーンの塗装が復刻された。
2003.10.5
名電赤坂～御油
Ha

1961(昭和36)年～ 1970(昭和45)年までの優等列車の運転区間と運転期間

名古屋本線

種別	列車名	有料	運転区間	期間	特記事項
名古屋本線(豊橋～新名古屋～新岐阜)					
特急			豊橋～新名古屋～新岐阜	53.6.28 ～ 77.3.19	
特急	ディーゼル特急	●	豊橋～新名古屋	65.12.30 ～ 71.6.12	キハ8000系使用、知立通過
特急	ビジネス特急		豊橋～新名古屋	69.12.24 ～ 70.12.24	朝夕運転
特急	豊橋	●	豊橋←新名古屋(←新鵜沼・新岐阜)	70.12.25 ～ 74.9.16	新名古屋発が中心
特急	名古屋	●	豊橋・東岡崎・新岐阜→新名古屋	70.12.25 ～ 05.1.28	座席指定特急の名称を原則として行き先に変更
特急急行			豊橋～新名古屋～新岐阜	55.9.25 ～ 67.8.21	新岐阜～新名古屋間特急、新名古屋～豊橋間急行
特急急行			豊橋～神宮前～新岐阜	65.9.15 ～ 67.8.21	新岐阜～神宮前間特急、神宮前～豊橋間急行
特急急行			新岐阜～東岡崎～豊橋	65.9.15 ～ 67.8.21	新岐阜～東岡崎間特急、東岡崎～豊橋間急行
特急急行			新岐阜～新一宮～美合	65.9.15 ～ 67.8.21	新岐阜～新一宮間特急、新一宮～美合間急行
急行			豊橋～新名古屋～新岐阜	48.5.16 ～ 67.8.21	
準急			豊橋～新名古屋～新岐阜	51.7.15 ～ 90.10.28	
準急			東岡崎～新名古屋(～新岐阜)	67.8.22 ～ 74.9.16	
準急			豊橋～東岡崎	70.12.25 ～ 74.9.16	
観光・季節列車					
特急	いらこ		豊橋～新名古屋～新岐阜	60.10 ～ 67.8　休日	
特急	ながら		豊橋～新名古屋～新岐阜	60.10 ～ 65.9　休日	1960.10 ～ 1964.12 家族専用車連結
特急	はまなこ		豊橋←新名古屋←新岐阜	61.6 ～ 67.8　休日	「浜名湖」の表記もあり
特急	夜ざくら		東岡崎←新名古屋	64.4.1 ～ 15	
特急	鳳来		豊橋←新名古屋←新岐阜	64.10 ～ 67.8　休日	
特急	フラワー		豊橋←新名古屋←新岐阜	68.2末～ 3　休日	
特急	しおさい		豊橋～新名古屋～新岐阜	68.5.12 ～ 69.3.20	
特急	くらがり		新岐阜～本宿	68.10,11　休日	
特急	くらがり	●	新岐阜～本宿	69.3.21 ～ 5.5、7.6 ～ 70.11の休日	春・秋休日 座席確保は神宮前～本宿
豊川稲荷～新名古屋～新岐阜					
特急			豊川稲荷～国府	66.3.25 ～ 69.7.5	正月期間中も運転
準急			豊川稲荷～東岡崎	69.7.6 ～ 70.12.24	
準急			豊川稲荷～国府	70.12.25 ～ 75.9.15	朝夕
初詣特急					
特急	豊川稲荷	●	豊川稲荷～新名古屋～新岐阜ほか	67.1.1 ～ 1.3	73正月まで毎正月運転
特急	成田山	●	豊川稲荷～新鵜沼	68.1.1 ～ 1.3	73正月まで毎正月運転
蒲郡・西尾～新名古屋方面					
特急	三河湾		蒲郡～栄生	64.9.14 ～ 68.5.11	
特急			蒲郡～栄生	65.9.15 ～ 66.3.24	上り4本、下り6本
特急			蒲郡～栄生	66.3.25 ～ 66.12.24	特急昼間毎時1本運転 線内「快速特急」マークを掲示
特急			蒲郡～津島・弥富	66.12.25 ～ 69.7.5	68.5.12 ～　線内特急を2本/時に増発
特急	三河湾		蒲郡～(各)新岐阜・弥富	67.4.10 ～ 70.12.24	
特急	ライン		蒲郡→御嵩	68.10.28 ～ 69.3.20	
特急	下呂		蒲郡→今渡	69.1.11 ～ 69.9.30	
特急	三河湾	●	蒲郡～新名古屋～新岐阜	69.3.21 ～ 5.5 7.6 ～ 70.8.16の休日	
特急			(各)新岐阜→犬山→蒲郡→犬山→御嵩	69.7.6 ～ 70.12.24	
特急	三河湾	●	蒲郡～新名古屋・新岐阜	70.8.17 ～ 70.12.24	
特急	金華	●	蒲郡→新岐阜	70.12.25 ～ 71.12.26	休日のみ運転
特急	蒲郡	●	新名古屋→蒲郡	70.12.25 ～ 71.12.26	

種別	列車名	有料	運転区間	期間	特記事項
特急	三河湾	●	蒲郡←新鵜沼・新岐阜	70.12.25 ～ 82.3.20	
特急	犬山	●	蒲郡→新鵜沼	70.12.25 ～ 92.11.23	座席指定特急の名称を原則として行き先に変更
特急	名古屋	●	蒲郡→新名古屋	70.12.25 ～ 93.8.11	71.12.27 ～ 74.9.16は平日のみ
特急			蒲郡～新名古屋～新岐阜	70.12.25 ～ 74.9.16	
急行			蒲郡～栄生～新岐阜	60.3.27 ～ 64.9.13	
急行			蒲郡～栄生	60.3.27 ～ 64.9.13	
急行			西尾～今村	60.3.27 ～ 64.9.13	
急行			蒲郡～津島・栄生	65.9.15 ～ 66.3.24	
急行			蒲郡～西尾～今村	66.12.25 ～ 68.5.11	名古屋本線内特急、今村～西尾間急行、西尾～蒲郡間普通
準急			蒲郡～栄生	64.9.14 ～ 65.9.14	名古屋本線内東岡崎行きと併結
季節列車					
特急	いでゆ		形原～新名古屋～新岐阜	55.11 ～ 12 休日	56以降も運転 58,3 蒲郡延長
特急	三ケ根		形原～新名古屋～新岐阜	60.3.27 ～ 61.5 休日	三ケ根の名称は5月から
特急	いでゆ		形原←新名古屋←新岐阜	61.6 ～ 64.9 土曜	
特急	さんがね		形原～新名古屋～新岐阜	61.6 ～ 64.9 休日	
特急	海づり		蒲郡←新名古屋	69.3.21 ～ 70.12.24 休日	
特急	三河湾エック		蒲郡～新名古屋	68年 エック設定期間中	
特急	三河湾 フラワーエック		蒲郡～新名古屋～弥富	69年 エック設定期間中	
西中金・豊田市・碧南・吉良吉田～新名古屋方面					
特急			(三河吉田)～碧南～栄生	59.4.1 ～ 64.9.13	三河線内普通
特急			三河吉田～碧南～栄生	61.6.12 ～ 64.9.13	三河線内普通
特急			碧南～新一宮	64.9.14 ～ 65.9.14	快速急行 三河線内普通
特急			吉良吉田・豊田市～御嵩・八百津	65.9.15 ～ 66.3.24	三河線内普通
特急			大樹寺～豊田市	66.3.25 ～ 73.3.3	
特急			碧南・豊田市～御嵩・八百津	66.3.25 ～ 69.7.5	運転当初は三河線内を快速特急と呼称（一部列車普通）
特急			碧南・豊田市～弥富・津島・新一宮・玉ノ井	68.8.26 ～ 70.12.24	三河線直通特急、名古屋本線内毎時4本化
特急			刈谷市～新名古屋	68.8.26 ～ 70.12.24	海線内特急を2本/時に増発、69.7.6から三河高浜、70.12.25新川町延長
特急			碧南・豊田市～佐屋・弥富	70.12.25 ～ 74.9.16	名古屋本線直通特急を毎時3本に削減
季節列車					
特急	かえで		(津島～)新名古屋～西中金	67.10 ～ 11 休日	68年も運転
特急	ラインパーク	●	碧南・豊田市～犬山遊園	70.3.21 ～ 5.5、 7.6 ～ 70.6.13 休日	列車名称を変えて91.10.20まで春秋休日に季節運行
特急	桜ノ木	●	碧南・豊田市→犬山遊園	70.9.22 ～ 70.11.29 休日	ラインパークの名称変更
急行	かえで		新岐阜～新名古屋～西中金	57頃～ 65までの11月	日曜運転
豊橋～新名古屋～犬山線方面					
特急			(各)新岐阜→犬山～新名古屋→東岡崎・美合	66.3.25 ～ 66.12.24	名古屋本線内急行
特急	日本ライン	●	豊橋～日本ライン今渡(→御嵩)	69.3.21 ～ 74.9.16	毎日運転 観光列車を座席確保に
特急	豊橋	●	豊橋←新名古屋←新鵜沼	70.12.25 ～ 71.12.26	座席指定特急の名称を原則として行き先に変更
急行			豊橋～新鵜沼	57.3.17 ～ 65.3.20	
急行			新鵜沼～堀田	63.12.1 ～ 65.3.20	
観光列車・季節列車					
特急	ライン		豊橋～新名古屋～新鵜沼・今渡(八百津)	60.10.2 ～ 61.6.5 休日	
特急	ラインパーク		豊橋～新名古屋～新鵜沼・今渡(八百津)	61.6.12 ～ 65.3.14 休日	
特急	日本ライン		豊橋～新名古屋～新岐阜・今渡	65.3.21 ～ 69.3.20	
特急	ラインパーク		豊橋～新名古屋～新鵜沼	66.3.25 ～ 68.11 休日	
特急	成田山	●	東岡崎～新鵜沼	67.1.1 ～ 1.3	73年まで正月期間中に運転
特急	ラインパーク	●	東岡崎～新鵜沼	69.3.21 ～ 5.5、 7.6 ～ 70.5.31 休日	春秋休日 名称を変えて81秋まで運転
特急	桜ノ木	●	東岡崎→新鵜沼	70.9.22 ～ 70.11.29 休日	ラインパークの名称変更

第5章 高速電車変遷史 229

種別	列車名	有料	運転区間	期間	特記事項
新岐阜～新名古屋～河和方面					
特急			新岐阜～新名古屋～河和	50.7.10 ～ 64.9.13	河和線内急行
特急			新岐阜～新名古屋～河和	64.9.14 ～ 65.9.14	河和線特急運転開始・新岐阜～新名古屋間急行
急行特急			新岐阜～新一宮～新名古屋～河和	65.9.15 ～ 66.12.24	新岐阜～新一宮間急行
特急			新名古屋～常滑	65.9.15 ～ 66.3.24	常滑線特急新設・新名古屋～常滑
特急			弥富～新名古屋～常滑	66.3.25 ～ 66.12.24	常滑線特急を弥富に延長　神宮間～弥富間普通
特急			新岐阜→河和→犬山→新岐阜(各)	66.12.25 ～ 69.7.6	特急毎時2本運転開始　新岐阜～国府宮間急行
特急			新岐阜(各)→犬山→常滑→新岐阜	66.12.25 ～ 69.7.6	特急毎時1本運転、67.8.22から毎時2本運転
特急	南知多		新岐阜～新名古屋～河和	66.3.25 ～ 69.3	毎日運転
特急	しおさい		新岐阜～河和	68.5.12 ～ 69.3.20	毎日運転
特急	南知多	●	新岐阜・新鵜～新名古屋～河和	69.3.21 ～ 70.5.24	毎日運転　観光列車を座席確保に
特急			御嵩→犬山→常滑→犬山→新岐阜(各)	69.7.6 ～ 70.12.24	広見系統　新名古屋～犬山無停車25分
特急			新岐阜～河和	69.7.6 ～ 70.12.24	
特急	南知多	●	新岐阜・新鵜沼・日本ライン今渡～新名古屋～河和	70.5.25 ～ 70.12.24	朝夕　座席指定特急を増発
特急		●	新岐阜・新鵜沼・新広見～新名古屋～河和	70.12.25 ～ 71.12.26	
特急			御嵩→犬山→河和→犬山→新岐阜	70.12.25 ～ 74.9.16	広見系統岩倉のみ停車
特急			新岐阜→犬山→常滑→犬山→御嵩	70.12.25 ～ 74.9.16	
特急	岐阜	●	新岐阜←新名古屋←新岐阜	70.12.25 ～ 74.9.16	
季節列車					
特急	南知多		新岐阜～新名古屋～河和	60.10 ～ 66.3　休日	新岐阜～新名古屋間急行
特急	きんか		河和(知多武豊)→新岐阜	61.6 ～ 64.9　休日	
特急	内海	●	新岐阜～新名古屋～河和口	61.7.23 ～ 8.13	68.8まで毎夏運転
特急	篠島		新岐阜～新名古屋～河和	64.7.18 ～ 64.8.16	64.7.18 ～ 65.8まで夏季土・日曜運転
特急	内海・小野浦	●	新岐阜～河和口	66.7.23 ～ 8.7	67年も運転
特急	篠島		新名古屋～河和	67.7.22 ～ 8.13	下り土曜・上り日曜運転　68年も運転
特急	伊良湖・小野浦・内海	●	新岐阜～河和	68.7.21 ～ 8.11	
特急	野間	●	新岐阜～常滑	68.7.21 ～ 8.11	71年まで夏期に運転
特急	みかん狩り		新一宮～河和	69.10, 11の休日	
特急	南知多	●	新岐阜～新名古屋～河和	70.7.18 ～ 8.16　72年まで夏季	夏の海水浴増発
犬山・新鵜沼～新名古屋～河和方面					
特急			新鵜沼～神宮前	65.3.21 ～ 65.9.14	特急運転開始
特急			(各)新岐阜←新名古屋←碧南	65.9.15 ～ 66.3.24	
特急			(各)新岐阜→新名古屋→神宮前	65.9.15 ～ 66.3.24	
特急			御嵩・八百津～吉良吉田・豊田市	65.9.15 ～ 69.7.5	
特急			(各)新岐阜～犬山～河和	66.12.25 ～ 67.8.21	河和線特急毎時2本
特急			新岐阜→河和→犬山→新岐阜(各)	67.8.22 ～ 69.7.5	各務原線特急毎時2本
特急			新岐阜(各)→犬山→常滑→新岐阜	67.8.22 ～ 69.7.5	
特急	下呂		八百津・御嵩～河和	69.1.11 ～ 69.3.20	
特急			今渡～蒲郡(常滑)	69.3.21 ～ 69.9.30	
特急			今渡～常滑	69.10.1 ～ 73頃	
特急			新岐阜(各)→犬山→蒲郡→犬山→御嵩	69.7.6 ～ 70.12.24	
特急			御嵩→犬山→常滑→犬山→新岐阜(各)	69.7.6 ～ 70.12.24	広見系統　新名古屋～犬山無停車25分
特急			御嵩→犬山→河和→犬山→新岐阜	70.12.24 ～ 74.9.16	広見系統岩倉のみ停車　24分
特急			新岐阜→犬山→常滑→犬山→御嵩	70.12.24 ～ 74.9.16	
特急	犬山	●	新鵜沼←新名古屋←河和	70.12.25 ～ 74.9.16	座席指定特急の名称を原則として行き先に変更
特急	広見	●	新広見←神宮前←(河和)	70.12.25 ～ 74.9.16	夏季は河和発に変更

種別	列車名	有料	運転区間	期間	特記事項
急行			新鵜沼～河和	51.10.7～62.6.24	新名古屋～河和66分
急行			新鵜沼～常滑	52.12.15～65.9.14	朝夕
急行			新鵜沼～河和	62.6.25～64.3.14	犬山線急行を増発・新名古屋～新鵜沼34分、河和～新名古屋50分
急行			新岐阜～犬山～常滑(堀田)	64.3.15～66.12.14	各務原線昇圧・犬山線と直通運転開始
季節列車					
特急	ライン		(八百津)←今渡←新名古屋←知多武豊(常滑)	60.10～65.9　休日	常滑線内急行・複電圧車で運転
特急			新鵜沼←新名古屋	65.1～3　休日	
特急	鬼岩		御嵩～新名古屋～常滑	66.4.17～68.5　休日	
特急	日本ラインなし狩り		今渡～神宮前(東岡崎)	66.8.末～9.末　休日	70年秋まで運行
特急	蘇水湖		八百津←神宮前	66.10.1～69.3.20　休日	
特急	成田山	●	新鵜沼～東岡崎	67.1.1～1.3	73年まで正月期間中に運転
特急	明治村		明治村口～常滑	67.3.20　休日	
特急	鬼岩		御嵩～新名古屋～常滑	68.5.12～69.3.20　休日	
特急	御嵩エック		御嵩～新名古屋	68年　エック設定期間中	
特急	日本ラインエック		御嵩～新名古屋	68年　エック設定期間中	
特急	鬼岩	●	御嵩～常滑	69.3.21～5.5、7.6～70.12.24　休日	春・秋の観光列車を座席確保に
特急	ラインパーク	●	新鵜沼～常滑	69.3.21～5.5、7.6～70.12.24　休日	春・秋の観光列車を座席確保に
特急		●	新鵜沼～河和	69.3.21～5.5、7.6～71.10　休日	春・秋の観光列車を座席確保に
特急	桜ノ木	●	新鵜沼～常滑	70.9.22～70.11.29　休日	ラインパークの名称変更
特急	日本ライン	●	新広見←新名古屋←河和	70.12.25～71.12.26	
特急	鬼岩	●	御嵩←河和	70.12.25～73.9　休日	
急行	犬山うかい		新鵜沼～神宮前	65.6.1～9.30	66.6.1～9.30も運転
急行	新春成田山		新鵜沼～神宮前	64.1.1～3、65.1.1～3	
急行	蘇水湖		八百津～常滑	66.10.1～11.13　休日	
小牧線					
急行			新鵜沼～上飯田	65.9.15～68.8.25	
準急			新鵜沼～上飯田	68.8.26～75.9.15	
津島線					
特急			津島～神宮前	65.12.15～66.3.24	特急運転開始
特急			鳴海→弥富→常滑	66.3.25～66.12.24	
特急			蒲郡～津島・弥富	66.12.25～69.7.5	
特急	三河湾		蒲郡～津島・弥富	67.4.10～69.7.5	
特急	三河湾		蒲郡～弥富	68.5.12～69.7.5	
特急			神宮前～津島～森上～新一宮～玉ノ井	68.5.12～68.8.25	線内特急を4本/時に増発
特急			刈谷市・碧南～津島～森上～新一宮～玉ノ井	68.8.26～69.7.5	
特急			吉良吉田・碧南～森上・津島経由一宮	69.7.6～70.12.24	尾西線内準急
特急			猿投・碧南～弥富	69.7.6～70.12.24	
特急			碧南・豊田市～弥富・佐屋	70.12.25～74.9.16	線内特急を3本/時に削減
急行			名古屋本線～津島	61.6.12～65.12.14	朝夕のみ　須ヶ口～津島間無停車
準急			名古屋本線～津島	61.6.12～65.12.14	朝夕のみ
各務原線					
準急			新岐阜～新鵜沼	59.4.1～64.3.14	急行は朝夕のみ
特急	ライン		新岐阜→御嵩・八百津	65.5.13～70.12.24	毎日運転
特急	明治村		新岐阜→明治村口(上飯田)	66.3.25～70.12.24	毎日運転
			犬山線への直通列車は犬山線の項を参照		

＊運行種別と系統は、昼間帯の運行を基本としているが、朝夕や1本だけの運行であっても特徴的なものは掲載している
＊名称付列車は運行系統の変遷を目的として定期的に運行されたものを掲載した。このため、イベントのＰＲなど目的に短期間のみ運転された列車は載せていない。

第5章 高速電車変遷史　231

服部重敬（はっとりしげのり）

1954年名古屋市生まれ。1976（昭和51）年名古屋鉄道入社。NPO法人名古屋レール・アーカイブス設立発起人のひとりで現在4代目理事長、一般財団法人地域公共交通総合研究所研究員。
1980年代にまちづくりにおける軌道系交通のあり方に関心を持ち、世界の都市交通の調査・研究を進め、次世代型路面電車（LRT）の動向を中心に、寄稿、講演などを通じて各方面に情報を発信している。近年は「国鉄時代」「蒸機の時代」「レイル」誌などに国内外鉄道記事の寄稿や写真提供も多い。
また、名古屋レール・アーカイブスを通して名古屋鉄道の記念乗車券の制作にも協力している。
主な著書に「名古屋市電」（ネコ・パブリッシング/2014年島秀雄記念優秀著作賞受賞）、「名古屋市営交通の100年」「富山県の鉄道」（フォト・パブリッシング）、「汽車・電車・市電－昭和の名古屋鉄道風景」（トンボ出版）、「路面電車新時代－LRTへの軌跡」（編著、山海堂）、「LRT」（共著、成山堂）、「世界のLRT」（共著、JTBパブリッシング）などがある。

NPO法人名古屋レール・アーカイブス

貴重な鉄道資料の散逸を防ぐとともに、鉄道の意義と歴史を正しく後生に伝えることを目的に、2005（平成17）年に名古屋市で設立。2006（平成18）年にNPO法人認証。所蔵資料の考証を経て報道機関や出版社・研究者などに提供するとともに、展示会の開催や原稿執筆などを積極的に行う。本誌に掲載している白井 昭氏、倉知満孝氏、小林磐生氏、J.W.Higgins氏等の写真や資料は、いずれもNPO法人名古屋レール・アーカイブスでデジタル化して保存されている。

昭和～平成時代の名古屋鉄道 第4巻
西尾線・蒲郡線・三河線・挙母線・岡崎市内線

発行日	2025年5月9日　第1刷　※定価はカバーに表示してあります。
著者	服部重敬
発行人	福原文彦
発行所	株式会社フォト・パブリッシング
	〒114-0014　東京都北区田端6-1-1　田端ASUKAタワー 17階
	TEL.03-4212-3561（代）FAX.03-4212-3562
発売元	株式会社メディアパル（共同出版者・流通責任者）
	〒162-8710　東京都新宿区東五軒町6-24
	TEL.03-5261-1171 FAX.03-3235-4645
デザイン・DTP	柏倉栄治（装丁・本文とも）
印刷所	株式会社サンエー印刷

この印刷物は環境に配慮し、地産地消・輸送マイレージに配慮したライスインキを使用しているバイオマス認証製品です。

ISBN978-4-8021-3524-5 C0026

本書の内容についてのお問い合わせは、上記の発行元（フォト・パブリッシング）編集部宛てのEメール（henshuubu@photo-pub.co.jp）または郵送・ファックスによる書面にてお願いいたします。